T0072304

ANTOINETTA VOGELS

GEZOND ZELF-GEVOEL DAGBOEKJE

Een inspiratiebron voor persoonlijke en wereldvrede

BALBOA.PRESS
A DIVISION OF HAY HOUSE

Boeken van Balboa Press kunnen besteld worden door boekverkopers of door contact op te nemen met:

Balboa Press
A Division of Hay House
1663 Liberty Drive
Bloomington, IN 47403
www.balboapress.com
844-682-1282

Vanwege het dynamische karakter van het Internet kan het zijn dat bepaalde webadressen of links die zijn opgenomen in dit boek zijn veranderd na het moment van publicatie en daardoor niet langer bereikbaar. De standpunten in dit werk zijn uitsluitend van de auteur en komen niet noodzakelijkerwijze overeen met de standpunten van de uitgever en deze wijst hierbij elke verantwoordelijkheid voor deze standpunten af.

De auteur van dit boek verstrekt geen medisch advies of schrijft gebruik van welke techniek dan ook maar voor, als een vorm van behandeling voor fysieke, emotionele of medische problemen zonder het advies van een arts, direct noch indirect.
De bedoeling van de auteur is alleen informatie van algemene aard aan te bieden om u te helpen bij uw zoektocht naar emotioneel en spiritueel welzijn. In het geval dat u de informatie in dit boek op uzelf toepast, wat uw wettelijk recht is, is de auteur noch de uitgever verantwoordelijk voor uw acties.

Oorspronkelijke titel:
A Guided Journal to a Healthy Sense of Self
Uitgeverij Balboa Press International
© Copyright 2020 Healthy Sense of Self
All rights reserved

Omslagontwerp van Marco Scozzi – Illustraties Laura Vogels

Afdrukinformatie is beschikbaar op de laatste pagina.
ISBN: 979-8-7652-3871-4 (sc)
ISBN: 979-8-7652-3870-7 (e)

Balboa Press rev. date: 02/07/2023

Opgedragen

AAN JOU!
Je hebt maar één leven te leven,
zorg ervoor dat het van jou is!

ANTOINETTA VOGELS

Inhoudsopgave

Voorwoord

Beste Lezer,

Stel je voor dat je aan het winkelen bent met je beste vriend of vriendin, je geliefde, broer of zus of misschien je oppas van vroeger. Misschien mocht je van je ouders een cadeautje kopen, en daar sta je nu in een schemerachtig winkeltje, verlicht door één enkel gloeilampje in het midden van een lange, nauwe pijpenla, helemaal tot aan het plafond gevuld met boekenplanken. Weggestopt tussen een boekwinkel en de markt of een café zou je dit winkeltje overal ter wereld kunnen aantreffen: in New York, Londen of Bombay, maar net zo makkelijk in de buitenwijken van Caïro, Shanghai of zelfs in Amsterdam.

De boekenplanken liggen boordevol met opgerolde perkamentrollen afkomstig uit de hele wereld, sommige nieuw maar de meeste heel oud. De stokoude man met baard achter de toonbank verwelkomt je met een warme glimlach, terwijl hij zijn koopwaar met liefde en passie aanprijst. Binnenin je springt het licht op groen: je voelt dat je deze man volledig kunt vertrouwen. Hij heeft het gezicht van iemand die weet waar het in het leven om gaat. Met enige aarzeling nog loop je naar de toonbank, maar een blik van interesse is voor de man genoeg om zijn lievelingsverhalen met je te delen.

'Al deze perkamentrollen bevatten parels van wijsheid die ik heb verzameld tijdens mijn vele reizen over de wereld', zo begint hij, 'maar ik heb niet het eeuwige leven, en ik wil dat ook jij er toegang toe hebt en kunt profiteren van de inzichten die ik heb gekregen via die ontdekkingen die ik heb gedaan.' De perkamentrollen waar hij naar wijst zijn niet zo duur en het is duidelijk dat er voor bijna iedereen wel iets waardevols bij zit. 'Voel je vrij om rond te kijken en kies er dan een uit, voor jezelf. Pak er dan eentje voor je geliefde en nog extra om een geliefd familielid of vriend mee te verrassen. Ik weet zeker dat er ook iets tussen zit voor je buurman of buurvrouw.'

Lief medemens, doe alsof je rondkijkt in dit winkeltje, terwijl je door dit boekje bladert. Maak je die parels van wijsheid eigen, en zie zo'n dagelijkse overdenking als één van die perkamentrollen. Nu worden ze niet door een intrigerende oude man aangeboden, maar door mij, Antoinetta, de ontwerpster van de *Zelf-Gevoel Methode*. Als je erop vertrouwt dat 'het universum voorziet in wat je het meest nodig hebt', kun je ook willekeurig een bladzijde opslaan en kijken wat die dag jou te zeggen heeft. Neem er de tijd voor en koester de boodschap. Kijk er nog een paar keer naar, zodat je aan het eind van de dag een stukje wijsheid hebt verworven, dat je nooit meer afgepakt kan worden. Laat het je helpen je leven op een bewustere manier vorm te geven.

De uitspraken in dit boekje verschenen voor het eerst in 2012 als overpeinzingen op de Facebookpagina *Healthy Sense of Self* in de VS. Ik hoop dat ze tot sprankelende inzichten en uiteindelijk tot meer zelf-bewust zijn zullen leiden. Trouwe volgers van de Facebookpagina zullen de thema's die aan de orde komen waarschijnlijk wel herkennen; ze zijn namelijk allemaal gebaseerd op de *Zelf-Gevoel Methode*.

Leer je Zelf steeds beter begrijpen in de komende dagen, weken en maanden dat je dit dagboek gebruikt. Neem je dagelijkse ervaringen onder de loep en filter ze door de inzichten van de *Zelf-Gevoel Methode*.

Het zal je inspireren om jezelf steeds die ene belangrijke vraag te stellen: 'WAAROM doe ik WAT ik doe?' Het antwoord op deze vraag zal je helpen je **Gezond Zelf-Gevoel** te herstellen en zo de gelukkigste en gezondste mens te worden die je maar zijn kunt!

Weten WAAROM je doet WAT je doet, en wat WAT je doet met jou doet, is een bevrijdende ervaring. Het eindresultaat van deze diepere kennis over jezelf is innerlijke vrede.

Dat is wat ik je toewens, persoonlijk, maar ook omdat het leidt tot een betere de wereld!

Antoinetta Vogels, Grondlegger GEZOND ZELF-GEVOEL

Introductie

De *Zelf-Gevoel Methode* wordt in het Engels ook wel de SoS (Sense of Self) Methode genoemd. SoS is toch een term die wordt gebruikt in noodsituaties? Welnu, het niet hebben van een **Gezond Zelf-Gevoel** is feitelijk een soort bestaanscrisis en dus een noodsituatie. En de meesten van ons ervaren wel eens zo'n noodsituatie als het gaat over ons Zelf-Gevoel. Het verwerven van diepere zelfkennis kan ons alleen maar ten goede komen, aangezien het ons absoluut helpt om beter te functioneren in deze complexe wereld.

Een **Gebrek** een **Gezond Zelf-Gevoel** kan invloed hebben op bijna alle facetten van je leven: van verhoogde stress tot een gevoel van eenzaamheid, van relatieproblemen tot het onvermogen om een goede ouder voor je kind te zijn, van geplaagd worden door angst en wanhoop tot alcoholproblemen. Mensen met een Gezond Zelf-Gevoel daarentegen hebben zelfvertrouwen en lijken succesvol te zijn in alles wat ze ondernemen.

Heb jij dat constante en stevige gevoel dat je een 'echt' mens bent, met het volste recht om te zijn zoals je werkelijk bent? Of voel je je vaak ongemakkelijk of boos zonder enige duidelijke reden? Hoe vaak zoek je de goedkeuring van anderen om voor jezelf te bevestigen dat je OK bent? Moet alles precies zo gaan als jij dat wilt omdat je afhankelijk bent van het resultaat van de dingen die je onderneemt? Zit je vast aan talloze zelfopgelegde voorwaarden, waar je koste wat het kost aan moet voldoen?

Het boek *Gezond Zelf-Gevoel – Dé Methode om het beste uit jezelf te halen* is het officiële naslagwerk van de *Zelf-Gevoel Methode*, waar je tot in detail alles kunt terugvinden. Het is een zelfhulpboek, dus ja, je kunt jezelf helpen door het simpelweg te lezen.

In het *Gezond Zelf-Gevoel Dagboekje* maak je kennis met de ideeën en gezichtspunten van deze Methode, die je inspireren om met andere ogen naar je eigen leven te kijken je wordt gestimuleerd om erover na te denken hoe de spreuk van de dag van toepassing is op jou en op jouw levensloop.

Eerst volgt een korte introductie over hoe mensen een *Gezond* of juist een *Vals Zelf-Gevoel* ontwikkelen, gevolgd door een beschrijving van de manier waarop je het meeste profijt kunt hebben van dit boekje.

In de Woordenlijst, die je kunt vinden op pagina 279 kun je de betekenis opzoeken van de speciale termen (in grijs) die we in dit boekje gebruiken.

Hoe komt het dat sommige mensen een Gebrek aan Zelf-Gevoel hebben?

(Een korte samenvatting van de Zelf-Gevoel Methode)

Hoe kinderen een **Natuurlijk Zelf-Gevoel** ontwikkelen, wordt bepaald door de manier waarop de ouders of verzorgers met ze omgaan als ze klein zijn. Als je echt *gezien en gehoord* wordt en je ouders zo met je omgaan dat je werkelijk jezelf mag zijn (hoe jong je ook bent), dan ontwikkel je vanzelf een innerlijk weten dat je *echt jezelf bent*; dat je *het recht hebt om te bestaan* en *mag laten zien wie je bent*.

Vaak gebeurt het echter dat je ouders of degenen die je opvoeden je, zonder dat ze zich daarvan bewust zijn, beschouwen als een verlengstuk van zichzelf. Hoewel ze je een thuis bieden en in je primaire levensbehoeftes voorzien, leren deze ouders je voornamelijk om je aan te passen aan hun eigen behoeftes en wensen en riskeer je om genegeerd, afgewezen of zelfs gestraft te worden, als je niet bent zoals zij willen dat je bent.

Misschien heb je regelmatig dat gevoel van innerlijke pijn of paniek ervaren, omdat je van je ouders de boodschap kreeg (of nog steeds krijgt): 'Als jij niet bent zoals ik wil dat je bent, dan negeer ik je!' En misschien heb je, wanhopig op zoek naar erkenning, hun goedkeuring dan maar als het beste alternatief geaccepteerd. Als die weg eenmaal is ingeslagen, kan het verkrijgen van de goedkeuring van je ouders bijna dwangmatig worden en leiden tot gedragingen die moeten bewijzen *dat jij niet bent wat (jij denkt dat) zij denken dat je bent.*

En elke keer dat het je lukt om je ouders te pleasen, krijg je een Goedgevoel en op den duur wordt dat het enige wat je werkelijk wilt: een **'Goed-gevoel-over-jezelf'** *krijgen*, wat dan functioneert als een **Vals Zelf-Gevoel**, omdat je werkelijke **Zelf-Gevoel** niet (meer) bestaat. Je bent dan niet thuis in je eigen 'wezen' en dat is niet alleen heel jammer, maar ook ongezond en zelfs gevaarlijk. Zelfs als volwassene kan het zijn dat je niet weet wie je werkelijk bent, en komt het er dan op neer dat je alleen leeft voor de goedkeuring van anderen, omdat dat de enige manier is om je angst en paniek voor 'het onzichtbaar zijn' te minimaliseren.

Begrijp wel dat we het hier niet hebben over een gevoel van tevredenheid omdat je een goede prestatie hebt geleverd of een succesvolle ontmoeting hebt gehad. Ook mensen met een **Gezond Zelf-Gevoel** ervaren dat natuurlijk. Het is normaal om een goed gevoel na te streven in het dagelijks leven. Het verschil zit hem hierin dat je bestaans-zekerheid niet zou moeten afhangen van de goedkeuring van anderen, iets wat gepaard kan gaan met kwellende stress en angstgevoelens.

Als je bij jezelf herkent dat dit ogenschijnlijk onschuldige 'Goed-gevoel-over-jezelf' veel meer voor je betekent dan gewoon tevreden (kunnen) zijn over wat je bereikt hebt, heb je misschien een probleem.

Hoe komt het dat sommige mensen een gebrek aan ZG hebben?

Misschien heb je wel een **Verborgen Agenda** met WAAROM je doet WAT je doet, en dat zou dan zeker een goede aanleiding zijn om je eigen **Motivatie** te onderzoeken. Als je er genoeg van hebt om 's nachts wakker te liggen, en meer resultaat wilt zien van al je inspanningen, dan levert het weten *WAAROM je doet WAT je doet* de zelfkennis op die nodig is om je problemen op te lossen en gelukkig verder te leven.

Zo haal je het meest uit dit boekje

Er wordt vaak beweerd dat je pas echt kunt veranderen door te werken aan je innerlijk. Als jij niet tot de gelukkigen behoort die vroeger, als kind, op een natuurlijke manier de kans hebben gekregen om een **Gezond Zelf-Gevoel** te ontwikkelen (tenslotte zijn je ouders ook maar gewoon mensen!), dan moet je dat 'innerlijke werk' alsnog doen om een **Hersteld Zelf-Gevoel** te verkrijgen. Je kunt dit boekje voor de komende 120 dagen gebruiken als een eenvoudige dagelijkse oefening om 'naar binnen' te kijken dag voordag.

Stel jezelf bij de volgende punten steeds de vraag:
Wat is *mijn* antwoord hierop?

* Moet ik *echt* elke dag zo hard werken?
* Moet ik me *echt* zo laten domineren door mijn partner?
* Moet ik *echt* koste wat het kost de beste zijn?

Er zijn oneindig veel vragen die je jezelf kunt stellen en iedereen heeft andere vragen nodig om op een dieper niveau naar zijn eigen leven te kijken. Dit boekje is er specifiek op gericht om je bewust te laten worden dat achter dit **'Goed-gevoel-over-jezelf'** aanlopen niet hetzelfde is als 'je eigen leven leiden.' Het is van belang dat je jezelf steeds afvraagt of het een gezond 'je-goed-voelen' is, of dat er meer aan de hand is.

Heb je een *Verborgen Doel*, en wat zou dat dan kunnen zijn?

WIE probeer *jij* te pleasen en WAAROM? Wees niet bang om je eigen gedachten en reacties op die dagelijkse boodschappen in kaart te brengen. Schrijf ze op de betreffende bladzijde of in de kantlijn, of in een eigen daarvoor bestemd logboek en creëer zo een overzicht dat beetje bij beetje tevoorschijn komt uit deze korte momentjes dagelijkse aandacht. Alles wat je op het moment zelf opschrijft zou je zomaar kunnen verbazen, en werpt een beetje licht op wat jou JOU maakt! Werk met de in dit boek aangeboden principes en ontdek hoe de *Zelf-Gevoel Methode*, zonder dat je er erg in hebt, op positieve wijze bijdraagt aan de manier waarop je naar jezelf kijkt.

Het boekje is een pocketuitgave en dus altijd makkelijk mee te nemen. Beschouw het als een goede vriend met wie je mijmert over levensvragen en uitdagingen – *vijf rustige, ongestoorde minuten per dag.*

Wanneer was de laatste keer dat je tijd vrijmaakte om stil te staan bij de vraag hoe je geworden bent wie je nu bent, en wat je weerhoudt om je leven voluit te leven? Wat zou je kunnen leren als je die tijd aan je Zelf zou besteden?

Over slechts 120 dagen zou je veel dichter bij je (Natuurlijk of Hersteld) Zelf-Gevoel kunnen zijn. Stel je eens voor hoe dat zou voelen! We verdienen het allemaal om ons eigen leven te leven, gebaseerd op een innerlijk weten dat we het volste recht hebben om te zijn wie we zijn, gewoon *omdat we al bestaan.*

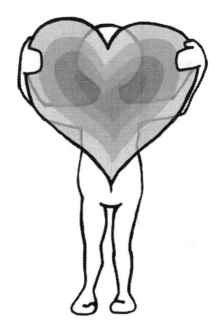

Zelf-Gevoel

DAG

1

Er zijn twee wegen naar je toekomst;

De ene leidt van
de stabiele plek van een **Gezond Zelf-Gevoel**
naar een productief en zelf-vervullend leven;
de andere leidt
via de goedkeuring van anderen
tot neurotische controle en angst
naar nog meer controle en angst
en op den duur
tot fysieke, emotionele en mentale uitputting:
ziekte!

Je kunt op elk moment je weg veranderen,
maar hoe jonger je bent
hoe gemakkelijker het is.

Zorg ervoor dat je leeft vanuit die plek binnen in je
waar er geen twijfel bestaat dat
je helemaal je Zelf bent.

Misschien moet je dieper graven dan je denkt.

Zie voor woorden in **grijs** vet de *Woordenlijst* op pagina 279.

AANTEKENINGEN, GEDACHTEN EN INZICHTEN

DAG
2

Vrede

Ik kan bijdragen aan vrede in de wereld
door mijn 'Zelf' te managen.

Door mijn Zelf te besturen en te beheren,

mijn lichaam, mijn denken, mijn emoties,
mijn eigen wereldje,
kan ik, op een veilige en zekere manier,
daadwerkelijk
een bijdrage leveren aan het bereiken van

Vrede in de wereld!

AANTEKENINGEN, GEDACHTEN EN INZICHTEN

DAG
3

BBB

Hier zijn de drie B's
voor een wereld vol
Gezondheid, Geluk en Vrede:

Wees *Baas* over je eigen leven

Wees *Bestuurder* van
het complexe geheel dat JIJ bent

Wees *Beheerder* van
Jouw Lichaam,
Jouw Gedachten en
Jouw Emoties.

AANTEKENINGEN, GEDACHTEN EN INZICHTEN

DAG
4

Je Zelf

Je eigen 'Zelf' moet ook echt van jou zijn
daarom moet je eerst weten wat 'Zelf' eigenlijk is.

Zelf is:

mijn lichaam en wat ik ermee kan,
mijn denken en wat ik ermee kan,
mijn emoties, mijn energie, mijn geest,
het geschenk van 'mijn leven',
het vermogen om zelf te denken,
om te kiezen een mening te hebben

het gebruik van mijn zintuigen,
de mogelijkheid om alleen of samen te zijn,
het recht om elk geloof of elke religie
te accepteren of af te wijzen.

Kun jij nog andere dingen bedenken die deel
uitmaken van jouw 'Zelf'?

AANTEKENINGEN, GEDACHTEN EN INZICHTEN

Ik ben al

De dwangmatige behoefte om te pleasen
komt voort
uit het verlangen
naar bevestiging
van wie en wat
JIJ bent.

Wat ik voor mezelf kan doen,
is ophouden met denken dat ik
het leven niet waard ben.

Ik hoef mijn leven niet te 'verdienen'!

Ik BEN al

Een vraag die je jezelf kunt stellen:
Wat vind ik er echt eigenlijk zelf van,

als ik voor mezelf denk?

AANTEKENINGEN, GEDACHTEN EN INZICHTEN

Voor degenen onder ons
die moeite hebben met slapen

Hoe voel je en denk je over jezelf
als je niet kunt slapen?
Vind je jezelf
slecht, stom, onbekwaam,
zielig, abnormaal?

is dat je eigen oordeel?
Dacht je dat met je eigen hersens?
Ben je in het Hier en Nu?

Of zit er iemand anders in je hoofd
die dat voor je denkt?

AANTEKENINGEN, GEDACHTEN EN INZICHTEN

Dag
7

De Magische Formule

Het hebben van een 'Goed-gevoel-over-jezelf'
is een toestand waarin we even mogen geloven
dat we goed genoeg zijn en
'het recht hebben om te bestaan',
gebaseerd op de goedkeuring van onze ouders.

Goedkeuring waaraan we verslaafd zijn geraakt.

Neem de uitdrukking
een 'Goed-gevoel-over-jezelf',
zet haakjes om (ge) van gevoel,
zet een kruis door het woordje: over.
Want we moeten niet over onszelf voelen.
We moeten gewoon
een Goed Zelf-Gevoel hebben.
Met andere woorden,
'Voel je echte, eigenlijke Zelf!' als tegengif voor
de verslaving aan het hebben van
een 'Goed-gevoel-over-jezelf'.

Opmerking: Een goed gevoel hebben kan ook een volkomen normaal
gevolg zijn van een goede prestatie (als het maar niet gepaard gaat met
overdreven gevoelens van opwinding!).

AANTEKENINGEN, GEDACHTEN EN INZICHTEN

‘Voel-goed-over-jezelf’

De Magische Formule

AANTEKENINGEN, GEDACHTEN EN INZICHTEN

DAG
8

Voor de workaholics onder ons

Je werk loslaten,
ook al is het soms nog zo moeilijk,
helpt juist
om die staat van vrijheid te bereiken
waar je zo naar streeft
met je harde werken.

AANTEKENINGEN, GEDACHTEN EN INZICHTEN

Een 'Goed-gevoel-over-jezelf-hebben'

AANTEKENINGEN, GEDACHTEN EN INZICHTEN

Dag
9

Vrijheid

Om van de verslaving aan
een **Vals Zelf-Gevoel** af te komen:
stel je een veilige weg voor en maak die groen.

Op deze weg ben je je bewust van je lichaam, wat
het wil en nodig heeft. Je voelt wie en wat je
werkelijk bent. Alles wat staat voor 'te veel',
zowel positief (opwinding) als negatief (depressie)
is deel van een rode cirkel,
de cirkel van verslaving
aan een **'Goed-gevoel-over-jezelf-hebben'**,

Onze hersenen moeten leren om te schakelen van
het rode, oververhitte pad van de verslaving aan
Scoren naar het koele, groene pad van
het echte Zelf.
Dat is één manier om je **Zelf-Gevoel** te herstellen!

Word minder afhankelijk van de kwaliteit van je
handelingen, prestaties en gedrag.

Ruil dat in voor het ervaren van steeds
meer aspecten van je echte Zelf.
Weet dat dit leven over JOU gaat en niet over het
voldoen aan allerlei verwachtingen!

AANTEKENINGEN, GEDACHTEN EN INZICHTEN

Voor de verslaafden onder ons

Verslaving is alleen mogelijk als er
niemand thuis is,
als JIJ niet thuis bent in je Zelf!

Het is voorbij

als je werkelijk je Zelf voelt,
want dan is er te veel te verliezen
om toe te geven aan verslaving.

AANTEKENINGEN, GEDACHTEN EN INZICHTEN

DAG
11

Motivatie

Het gaat niet zozeer om
WAT je doet maar om
WAAROM je doet wat je doet.

Het onderzoeken van je **Motivatie** is
de sleutel tot grondige zelfkennis:
'Waar gaat het bij mij uiteindelijk allemaal om?'

Is jouw **Motivatie**
Direct
of
Indirect?

AANTEKENINGEN, GEDACHTEN EN INZICHTEN

12

Voor de uitvoerende kunstenaars onder ons

Er ligt maar een dun lijntje tussen
toewijding en dwangmatig gedrag.
Het gezegde:
'oefening baart kunst'
is maar tot op zekere hoogte waar.

Uiteindelijk
speel of spreek je zoals je bent!

Je Zelf bewust doorvoelen geeft je misschien
precies dát waar je naar zoekt.

Hoe je dat moet doen?
Lees het boek:

Gezond Zelf-Gevoel –
Dé Methode om het beste uit Jezelf te halen*.

* Zie de *Gezond Zelf-Gevoel producten* pagina 307.

AANTEKENINGEN, GEDACHTEN EN INZICHTEN

Dag
13

Woede

Herken 't!
Weet dat je bang bent voor je eigen boosheid en
je woede uit de weg gaat
omdat
boos zijn niet past binnen je ideale zelfbeeld.

Het herkennen en accepteren van je woede
kan voorkomen dat je explodeert
in RAZERNIJ.

Vraag je ook af:

'Waarom moet ik eigenlijk aan dat zelfbeeld voldoen?'

'Waarom kan Ik niet gewoon mezelf zijn?'

AANTEKENINGEN, GEDACHTEN EN INZICHTEN

DAG
14

Angst voor onze eigen gevoelens

We zijn bang voor onze emoties omdat ze meestal
niet bijdragen aan het bereiken van ons
Verborgen Doel.

Maar die angst is dodelijk voor
onze emotionele gezondheid.
Als we onze gevoelens negeren, vermijden
of wegdrukken,
veranderen we in robots.

Kijk eens goed naar jezelf in de spiegel als je
gevoelens weglacht die niet fijn zijn.

AANTEKENINGEN, GEDACHTEN EN INZICHTEN

DAG

15

Er zijn twee soorten mensen:
mensen met een **Zelf-Gevoel**
en mensen zonder.

We zijn allemaal mensen; we leren allemaal,
met vallen en opstaan.
Maar
een **Gebrek aan Zelf-Gevoel**
betekent dat
alles wat je doet
uiteindelijk gericht is op het
vullen van het gat
dat voortkomt uit
dit Gebrek aan Zelf-Gevoel.

Het wordt dan een zaak van leven of dood
om succesvol te zijn
in alles wat je doet,
om dat gat te kunnen dichten
maar dat is geen gezonde **Motivatie**.
En dat kan ook verklaren
waarom het niet lukt.

AANTEKENINGEN, GEDACHTEN EN INZICHTEN

DAG
16

Zelfsabotage

Wat normaliter 'zelfsabotage' genoemd wordt,
is eigenlijk een symptoom
van een actief,
op **Vals Zelf-Gevoel** gericht Systeem.

Dit symptoom,
als je het goed interpreteert,
kan juist de reden worden
dat je de weg
naar je **Echte of authentieke Zelf**

weer terugvindt.

AANTEKENINGEN, GEDACHTEN EN INZICHTEN

DAG
17

Een raadsel

Het maakt niet zoveel uit WAT je doet
(werk of activiteit)
maar wat 'Wat je doet'
met JOU doet!

AANTEKENINGEN, GEDACHTEN EN INZICHTEN

Gezond Zelf-Gevoel

AANTEKENINGEN, GEDACHTEN EN INZICHTEN

Wat kunnen we doen met al deze kennis over Zelf-Gevoel?

We kunnen onszelf helen,
en daarmee de wereld.

Het zal lang duren
maar als we het stap voor stap doen,
adem in adem uit,
zal tijdens dit proces
onze eigen kwaliteit van leven
heel veel
beter worden.

Als ik het doe en jij het doet, en jij, en jij... dan
zijn we op weg naar een betere wereld!

AANTEKENINGEN, GEDACHTEN EN INZICHTEN

DAG
19

Het **Herstel** van je **Zelf-Gevoel** begint met 'Stop eens even met denken!'

Ontdek dat je meer bent dan je 'programma',
gevuld met dingen die je moet doen;
besef
dat een groot deel van jou
je lichaam is:
met voeten, benen om te lopen,
handen die kunnen geven…

Kun jij de rest invullen,
maar
deze keer
bewust?

AANTEKENINGEN, GEDACHTEN EN INZICHTEN

DAG
20

Een vraag voor degenen
op wie het van toepassing is:
is het oké dat jouw leven om jou draait?

Ben ik niet
de koning of koningin
van mijn eigen universum?

Leeft niet iedereen in zijn/haar eigen 'luchtbel'?

is het niet zo dat we,
af en toe,
op bezoek zijn in het domein van een ander
of iemand anders bij ons binnenlaten?

Hoe groot is de ruimte die we innemen
in de 'luchtbel' van een ander,
van een vriend,
een partner,
een zoon of dochter?

AANTEKENINGEN, GEDACHTEN EN INZICHTEN

DAG
21

Ego-Referenties (1)

Het bestaan van **Ego-Referenties**
is een uitvloeisel van
je **Overlevingsstrategie uit je Vroege Jeugd**

Toen je als peuter of kleuter
je ouders observeerde,
vroeg je je af:

'Hoe moet ik zijn of wat moet ik doen om ervoor
te zorgen dat hij of zij me iets geeft
wat lijkt op
liefde?'

Maak een lijst van je Ego-Referenties en je bent
op weg om jezelf ervan te bevrijden.

AANTEKENINGEN, GEDACHTEN EN INZICHTEN

Dag

22

Ego-Referenties (2)

Als 'je huis schoonhouden'
een dwanghandeling is
die noodzakelijk is om
een **'Goed-gevoel-over-jezelf'** te hebben,
dan is de kans groot
dat je huis schoonhouden
een **Voertuig** is,
dat je gebruikt om te pronken
met je **Ego-Referenties**
'netjes en georganiseerd zijn.'

Je **Verborgen Agenda** is dan om te laten zien
aan je ouder(s)
dat je beter bent dan hij of zij denkt.

Je **Verborgen Doel** is zeer waarschijniijk
om je geaccepteerd en erkend te voelem
en dat gaat dan functioneren als
JOUW **Vals Zelf-Gevoel**.

AANTEKENINGEN, GEDACHTEN EN INZICHTEN

DAG
23

Ego-Referenties (3)

Als 'op tijd komen' voor jou
beladen is met gevoelens
van angst, paniek en stress,
is de kans groot dat
'op tijd komen' voor jou
een **Ego-Referentie** is.

Je **Verborgen Agenda** is
aan je ouder(s) te laten zien
dat, in tegenstelling tot wat hij of zij denkt,
jij wel op tijd KUNT zijn.

Je hoopt,
door succesvol te zijn in deze Ego-Referentie,
dat je ouders eindelijk accepteren en erkennen.

AANTEKENINGEN, GEDACHTEN EN INZICHTEN

Dag

24

Een **Ego-Referentie** is een
dwangmatige behoefte om
aan je ouders of verzorgers, en ook aan jezelf,
te laten zien
dat je bepaalde dingen beter kunt
dan zij denken.

Ego-Referenties bestaan alleen maar
als je verslaafd bent aan de goedkeuring
van je ouders of verzorgers!

Ze vormen de bouwstenen voor
Indirecte Motivatie
en zijn gericht op
het bereiken van een
Vals Zelf-Gevoel.
Deze Motivatie treedt in werking bij een
Gebrek aan Zelf-Gevoel.

AANTEKENINGEN, GEDACHTEN EN INZICHTEN

DAG
25

Stress & Angst

Dagelijkse angst en stress,
in normale hoeveelheden,
noemen we, in de

Zelf-Gevoel Methode*,
stress of angst op een
'Niveau van het leven-van-alledag'.

Het is normaal om in je dagelijks bestaan een
bepaalde mate van stress te voelen.

Zolang de angst en stress maar niet ervaren
worden als een zaak van leven of dood.

Met andere woorden, zolang
je **Zelf-Gevoel** er maar niet van afhankeliik is.

* Zie de *Gezond Zelf-Gevoel producten* pagina 307.

AANTEKENINGEN, GEDACHTEN EN INZICHTEN

DAG
26

Tevredenheid

Een goed gevoel over jezelf hebben op een
'Niveau van het leven-van-alledag'
is een normale en gezonde ervaring.

Het is helemaal prima om tevreden te zijn
met een goede prestatie.

Zolang het maar niet dwangmatig is
en met alle geweld moet.
Zolang je **Zelf-Gevoel**
er maar niet van afhankelijk is.

Zolang een goed gevoel over jezelf hebben
niet hoeft te bepalen
wie je bent.

AANTEKENINGEN, GEDACHTEN EN INZICHTEN

DAG
27

Eerlijk zijn

Helemaal eerlijk zijn tegenover jezelf
is cruciaal
als je werkt aan
het Herstellen van je **Zelf-Gevoel**.

Zorg ervoor
dat je jezelf steeds helder voor ogen houdt
wat je echte **Motivatie** is.

Heb de moed om jezelf onder ogen te zien!
Houd jezelf niet voor de gek!

AANTEKENINGEN, GEDACHTEN EN INZICHTEN

DAG

28

'WAAROM doe ik WAT ik doe?
WAAROM wil ik WAT ik wil?'

'Kloppen mijn antwoorden op mijn vragen naar
mijn **Motivatie** wel
als ik helemaal eerlijk ben tegenover mezelf?

Of zijn er mogelijk nog andere redenen?

Ben ik het waarachtig eens met die motivatie als
ik er echt over nadenk?
Waar komt die overtuiging eigenlijk vandaan?

Het grondig onderzoeken van je motivatie is
een krachtig middel om jezelf te leren begrijpen.

Begrijpen waar je vandaan komt is nodig
om je leven een andere,
meer gewenste richting te geven.

AANTEKENINGEN, GEDACHTEN EN INZICHTEN

DAG
29

KONING of KONINGIN

Ieder mens is
de KONING of KONINGIN
van zijn of haar universum.

Deze gedachte impliceert dat
WIJ de heersers zijn over ONS koninkrijk,
wat vervolgens impliceert
dat
we ANDEREN de vrijheid geven om te heersen
over HUN koninkrijk.

Op die manier scheppen we de voorwaarden
voor een vreedzame wereld.

AANTEKENINGEN, GEDACHTEN EN INZICHTEN

DAG
30

Ik besta al...

Als ik werkelijk mijn Zelf voel,
mijn ademhaling,
mijn hartslag,
mijn pijn,
zou ik moeten weten dat ik niet
afhankelijk ben van wat ik heb gepresteerd
en ook niet van wat anderen over me denken.

Waarom zou ik?
Ik BESTA al,
anders zou ik niet in staat zijn
om deze dingen te voelen.

Misschien helpt pijn ons wel
dat beter te beseffen.

AANTEKENINGEN, GEDACHTEN EN INZICHTEN

DAG
31

Hoe kan ik mijzelf zijn?

Neem bewust notitie
van alle aspecten van je Zelf,

accepteer ze volledig

en interpreteer ze als bewijs van je bestaan.

Je BESTAAT al

en alles staat al voor je klaar

om je Zelf kunnen zijn.

Zet het verlangen om anders te zijn
dan *wie en wat je bent*
gewoon van je af.

AANTEKENINGEN, GEDACHTEN EN INZICHTEN

DAG

32

Ben je bang voor je eigen gevoelens?

Ze komen immers vaak op, op momenten
dat je ze niet wilt hebben
omdat je net
een andere agenda had.

Als ons **Zelf-Gevoel** niet afhankelijk is van
wat we presteren of hoe we ons gedragen,
is er ruimte voor onze emoties
en hoeven we er niet bang voor te zijn.

AANTEKENINGEN, GEDACHTEN EN INZICHTEN

DAG
33

Overlevingsstrategieën uit je Vroege Jeugd

Wist je dat
het best mogelijk is dat
je denkt dat je leven over JOU gaat,
maar dat je, in werkelijkheid,
alleen maar bezig bent om
je **Overlevingsstrategieën uit je Vroege Jeugd**
te laten slagen,
omdat je daarin, koste wat het kost,
succesvol moet zijn

om jezelf IEMAND te voelen!

Kun je je een aantal van deze beslissingen
uit je Vroege Jeugd herinneren?

Waarom waren ze zo belangrijk voor je?

Heb je er in het hier en nu nog wat aan?

AANTEKENINGEN, GEDACHTEN EN INZICHTEN

DAG

34

Voor diegenen die bezig zijn zichzelf te herconditioneren

Ik ben
allereerst en vooral
een persoon.
Dat betekent: mijn eigen, uniek,
potentieel onafhankelijk,
autonoom mens.

Eerst is er 'Ik BEN'
dan komt pas
'Ik doe'

Ik BEN niet doordat ik doe;
Ik heb mijn 'zijn' nodig om te doen
maar ik kan *zijn*
zonder dat ik iets doe.

AANTEKENINGEN, GEDACHTEN EN INZICHTEN

DAG
35

Voor de verslaafden onder ons

De uiteindelijke oorzaak van (elke) verslaving is

een **Gebrek aan Zelf-Gevoel**.

Het herstellen van je **Zelf-Gevoel**

is cruciaal

om voor de rest van je leven vrij te zijn van
verslaving.

AANTEKENINGEN, GEDACHTEN EN INZICHTEN

DAG
36

Voor degenen onder ons die gezien en gehoord willen worden

Als je een **Gebrek aan Zelf-Gevoel** hebt,

is de kans groot dat
je constant vreselijk je best doet
om aan alle eisen
die je jezelf hebt opgelegd te voldoen...

Die eisen zijn gebaseerd op
hoe je ouders wilden dat je was,

en omdat je dacht dat

als je maar meer zó zou zijn
of wat meer van dát zou doen
je ouders dan positiever over je zouden denken,
en je misschien zelfs wel zouden 'zien'.

AANTEKENINGEN, GEDACHTEN EN INZICHTEN

Gebrek aan Zelf-Gevoel

AANTEKENINGEN, GEDACHTEN EN INZICHTEN

Wie ik werkelijk ben

(mijZelf)

is niet afhankelijk
van het resultaat van mijn prestaties
of
van wat andere mensen van me denken.

Ik denk met mijn eigen hoofd
en ik voel vanuit mijn eigen hart.

AANTEKENINGEN, GEDACHTEN EN INZICHTEN

38

Overlevingssysteem

Je overlevingssysteem is
er om je te helpen te overleven.

Als je het wilt vervangen door iets nieuws,
voelt het systeem dat als een bedreiging,
zodat het zich fel gaat verdedigen
om je te kunnen blijven beschermen.

Begrijp dat en
behandel jezelf met zachtheid,
als je oude gewoontes gaat veranderen.

Wees voorzichtig maar standvastig!

AANTEKENINGEN, GEDACHTEN EN INZICHTEN

Dag
39

Erfenis

Ontwikkel je eigen normen en waarden
in plaats van
af te gaan op wat je hebt overgeërfd,

Daarin ligt precies het verschil
tussen
twijfelen aan
of
vertrouwen hebben in
jezelf.

AANTEKENINGEN, GEDACHTEN EN INZICHTEN

DAG
40

Wat IS het toch, dat we gevangen zitten
in de gedachte
dat we, koste wat het kost,
een specifiek doel moeten bereiken?

Wat is jouw specifieke doel dat je moet bereiken?

Wat levert je dat uiteindelijk op?

Wees je ervan bewust dat het eigenlijk
niets verandert voor je:
je bent en blijft een sterveling!

AANTEKENINGEN, GEDACHTEN EN INZICHTEN

DAG
41

Gebruik je eigen hersens!

Waarop baseren we onze beslissingen?

Op wat relevant was in het verleden?
Of
op wat relevant is in het heden?

Hoe weet je het verschil?

Laat je eigen hersens werken
in plaats van
automatisch
in die rugzak te duiken
met waarden uit het verleden.

Misschien zijn het niet eens de jouwe!

AANTEKENINGEN, GEDACHTEN EN INZICHTEN

Je leeft zoals je bent

De kwaliteit van je innerlijk is verantwoordelijk
voor de kwaliteit van je uiterlijk.

Leer jezelf kennen!

Zorg ervoor dat je de wortels
van je innerlijke plant
water geeft
zodat jij gaat bloeien!

AANTEKENINGEN, GEDACHTEN EN INZICHTEN

Dag
43

Voor degenen die
trouwer willen worden aan Zichzelf

Angst komt op als datgene
wat je denkt dat goed voor je is,
bedreigd wordt door krachten van buitenaf,

OF DOORDAT JIJ ZELF van strategie
WILT VERANDEREN.

Dus, houd vol en breek door die
angst heen…
als je er eenmaal doorheen bent
ga je je juist veel beter voelen.

Jezelf bevrijden van de gewoonte
aan allerlei voorwaarden te voldoen,
om daardoor
toegang te krijgen tot
je *eigen* leven,
vooral in het begin. Daarna volgt de beloning:
écht je eigen leven leiden.

AANTEKENINGEN, GEDACHTEN EN INZICHTEN

DAG

44

Een **Gezond Zelf-Gevoel**
is de ruggengraat van de menselijke psyche.

Als dat ontbreekt,
kun je spreken van een 'verzuimd' leven.

AANTEKENINGEN, GEDACHTEN EN INZICHTEN

DAG
45

Ieder mens inspireren

tot het ontwikkelen van
een **Gezond Zelf-Gevoel**
voor zichzelf
en voor hun kinderen

dat is

mijn bijdrage aan de

Wereldvrede!

Will jij me daarbij helpen?

AANTEKENINGEN, GEDACHTEN EN INZICHTEN

Verborgen Doel

AANTEKENINGEN, GEDACHTEN EN INZICHTEN

DAG
46

Hersteld Zelf-Gevoel

Laten we allemaal – mannen en vrouwen,
volwassenen en kinderen – werken aan
het **Herstel van ons Zelf-Gevoel**!

Ais we een **Gezond Zelf-Gevoel** hebben,
weten we dat we ons niet hoeven
te vergelijken met anderen
om ons goed te laten voelen over onszelf.

We zijn allemaal gelijk, maar we hebben ook
onze eigen unieke eigenschappen.

Met een Gezond Zelf-Gevoel kunnen we
pas echt onze diversiteit vieren!

AANTEKENINGEN, GEDACHTEN EN INZICHTEN

Ik wil mezelf zijn.
Jij wilt jezelf zijn.
Hij/Zij wil zichzelf zijn.
Wij willen onszelf zijn.
jullie willen jezelf zijn.
Zij willen zichzelf zijn!

We willen en moeten eigenlijk allemaal
onszelf kunnen zijn!

Laten we dus werken aan

het herstellen en versterken van ons **Zelf-Gevoel**

omdat

een mens een **Gezond Zelf-Gevoel** nodig heeft
om zichzelf te kunnen zijn.

AANTEKENINGEN, GEDACHTEN EN INZICHTEN

DAG

48

Voor diegenen die aan depressie lijden

Een kort antwoord op de vraag:
'Waarom worden sommige mensen nooit
depressief en andere wel?'

Omdat ze een **Gezond Zelf-Gevoel** hebben, en
mensen die depressief zijn
missen
dat **Zelf-Gevoel**!

Dus wees verstandig:
Herstel je Zelf-Gevoel!

AANTEKENINGEN, GEDACHTEN EN INZICHTEN

DAG
49

Hoe krijg je toegang tot jouw eigen leven?

Door jezelf te verlossen van de verslaving aan een
Vals Zelf-Gevoel.

Je bent afhankelijk van het krijgen van
een **'Goed-gevoel-over-jezelf'** omdat dat
functioneert als een Vals Zelf-Gevoel,
gebaseerd op andermans
goedkeuring.

Herstel je Zelf-Gevoel!
Wees *in* en *met je* lichaam
Denk zelf na!
Weet WAAROM je doet WAT je doet!

Dat bevrijd je van de verslaving aan
goedkeuring…

Dan kun je jezelf trouw zijn.

AANTEKENINGEN, GEDACHTEN EN INZICHTEN

DAG
50

Voor de zakenlui onder ons!

Ben je geïnteresseerd in
een natuurlijke, goedkope
en leuke manier
om succesvoller te zijn?

Leer JEZELF te zijn!

De opbrengst:

Je bent niet afhankelijk van resultaten
voor je **Zelf-Gevoel**.

Je weet wat je wilt
Je kent je sterke en zwakke punten
Je *bent* er voor anderen

De mensen vertrouwen je!

AANTEKENINGEN, GEDACHTEN EN INZICHTEN

DAG
51

Met een **Natuurlijk** of **Hersteld Zelf-Gevoel**
ben je een gelukkig mens want,
je kunt je tijd besteden aan
dingen die je echt leuk vindt of
aan dingen die gedaan moeten worden,
en ook is de kans groot
dat je daarin succesvol bent!

Voor de andere, minder gelukkigen
onder ons geldt…
jullie kunnen ook leren zo te worden, hoor!

Hoe dan? Besef dat iedereen
uitdagingen heeft in zijn leven!

Als **Gebrek aan Zelf-Gevoel** een van jouw
uitdagingen
is, dan kunnen wij je helpen:

Lees het *Gezond Zelf-Gevoel* boek* en help jezelf
je **Zelf-Gevoel** te herstellen.

Heb je meer begeleiding nodig?
Doe dan de *'Wees-Jezelf' online cursus!*
'Hulp bij de ontwikkeling van je Zelf-Gevoel'*.

* Zie de *Gezond Zelf-Gevoel producten* pagina 307.

AANTEKENINGEN, GEDACHTEN EN INZICHTEN

DAG
52

Directe Motivatie

Hoe komt het dat sommige mensen
succesvoller zijn dan andere?

Omdat ze de juiste **Motivatie** hebben;
dat is waar het om draait.
De *Zelf-Gevoel Methode** noemt dit
Directe Motivatie.

Als je intenties niet vertroebeld worden door
Verborgen Doelen
krijgt het universum je boodschap duidelijk door
en vallen de dingen op hun plek.

* Zie de *Gezond Zelf-Gevoel producten* pagina 307.

AANTEKENINGEN, GEDACHTEN EN INZICHTEN

Dag
53

Groepsidentiteit

Heb je je wel eens afgevraagd hoe een groep
kan functioneren als een 'verlengstuk' van je zelf?

In vroeger tijden
fungeerde het *bij een groep (stam) horen*
als een manier om veilig te zijn,
omdat mensen vroeger zo kwetsbaar waren.

Maar vandaag de dag moeten we de
verantwoordelijkheid nemen
voor ons eigen lichaam en leven,
en anderen dat ook laten doen.

Tot een groep behoren
zou geen afhankelijkheid of behoefte aan
acceptatie moeten bevorderen.

Konden we maar overstappen van
afhankelijkheid' naar 'onafhankelijkheid' en
vandaar naar 'onderlinge hulpvaardigheid'.

Dat zou zomaar het begin kunnen zijn van een
beweging richting wereldvrede.

AANTEKENINGEN, GEDACHTEN EN INZICHTEN

DAG
54

Zijn dat echt jouw ideeën?

Een goede manier om je **Zelf-Gevoel** te
herstellen is te leren inzien dat

niet al je ideeën afkomstig zijn van jezelf.

Onbewust heb je misschien veel van de oordelen
van je ouders of verzorgers overgenomen –
oordelen over dingen en mensen
en zelfs over
jezelf
en
misschien ben je, zoals zovelen van ons,
nog steeds hard aan het werk
om jezelf op basis van deze oordelen
te verbeteren.

Zodat je geen tijd hebt om
je eigen leven te leven!

AANTEKENINGEN, GEDACHTEN EN INZICHTEN

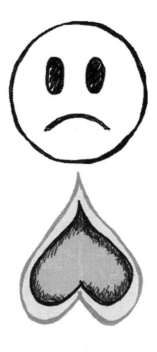

Vals Zelf-Gevoel

AANTEKENINGEN, GEDACHTEN EN INZICHTEN

DAG
55

Probleem-ouders

Heb je weleens bedacht
dat er ouders zijn
die vinden dat hun kind
precies zo moet zijn
als zij willen,
niet omdat dat zoveel beter is,
maar omdat het gemakkelijker voor hen is?

Onbewust willen ze dat hun kind niet werkeiijk
aanwezig is als een 'echt' individu,
maar als *een verlengstuk* van hen zelf!

Want dan kan het kind positief bijdragen aan
hun **Vals Zelf-Gevoel**,
en hebben ze meer tijd en energie over om
aandacht te besteden aan hun eigen
problematiek.

AANTEKENINGEN, GEDACHTEN EN INZICHTEN

DAG
56

Afhankelijk zijn voor je zelfwaardering
van hoe je 'performt,'
of van wat anderen van je vinden…
Dat was tot op heden
de realiteit van het bestaan voor veel mensen.

De tijd is nu gekomen om
verantwoordelijkheid te nemen voor jezelf
en een start te maken met het ontdekken
van wat je er *zelf* eigenlijk van vindt,
nu je geleerd hebt om
met je eigen hersens te denken.

'Wat zijn *mijn* waarden en criteria?
Wat denk *ik* er eigenlijk *zelf* van?
Wat is *mijn* eigen mening?
Hoe zie ik het *zelf*?

Wat zie ik eigenlijk *zelf*
als mijn ievensdoel?'

AANTEKENINGEN, GEDACHTEN EN INZICHTEN

Behoefte aan goedkeuring

De gewoonte
om afhankelijk te zijn van de goedkeuring
van je ouders
om een **'Goed-gevoel-over-jezelf'** te krijgen
verschuift ongemerkt naar
afhankelijkheid van
de goedkeuring van andere,
daarvoor in aanmerking komende personen.

AANTEKENINGEN, GEDACHTEN EN INZICHTEN

Dag
58

Jezelf opofferen of niet?

Hoeveel van je leven, van jezelf,
wil je opofferen
voor hen die je dierbaar zijn?

Wanneer is er sprake van opofferen?
Wanneer van afhankelijkheid?
En wanneer is het een wijze daad
om toe te geven aan de wensen van je partner?

Dat is een goede vraag!

AANTEKENINGEN, GEDACHTEN EN INZICHTEN

Dag
59

Leven in harmonie

Leven in harmonie met je familie,
met je broers en zussen, met je ouders?

Als je daar echt in wilt slagen,
moet iedereen zichzelf kunnen zijn en blijven
en het goed vinden dat de anderen dat ook doen!

AANTEKENINGEN, GEDACHTEN EN INZICHTEN

60

Motivatie-Onderzoek

Zet eens een vraagteken bij je eigen **Motivatie**.
Dat is een prima manier om
jezelf beter te leren kennen.

Eerst moet je goed inzicht hebben
in waar je vandaan komt,

om vervolgens het pad te kunnen inslaan
dat leidt
naar waar je naartoe wenst te gaan.

AANTEKENINGEN, GEDACHTEN EN INZICHTEN

DAG
61

Spijt der stervenden

Onthoud dat er vroeg of laat
een einde komt aan jouw
(en mijn)
leven.

Is er iets dat nog dramatischer is
dan je aan het eind van je leven te realiseren dat
je niet echt je eigen leven hebt geleefd?

Ieder mens is zelf verantwoordelijk
voor de waarachtigheid van zijn leven.

AANTEKENINGEN, GEDACHTEN EN INZICHTEN

DAG
62

Een Gezond Zelf-Gevoel is nodig om volledig je Zelf te kunnen zijn.

Als je jezelf bent
heb je veel meer kans om
verschoond te blijven van de problemen
die ons vandaag de dag plagen:

relatieproblemen,
leerproblemen (kinderen en pubers),
problemen met verslaving,
geldproblemen,
zelfsabotage,
faalangst,
(huiselijk) geweld,
zelfmoord,
en zelfs

Oorlog!

AANTEKENINGEN, GEDACHTEN EN INZICHTEN

DAG
63

Het ontwikkelen van ons **Zelf-Gevoel**
is de enige manier waarop
ieder van ons
echt kan bijdragen aan
VREDE IN DE WERELD!

Als wij onszelf erkennen als unieke,
onafhankelijke en autonome mensen,
ieder van ons met zijn eigen bestaansrecht
puur en alleen
omdat we al bestaan;
als we het erover eens zijn
dat wij het recht hebben
onze eigen voorkeur,
smaak en emoties te hebben
en
de keuze om hieraan uitdrukking te geven,
dan kunnen we niet anders
dan dit OOK voor anderen te laten gelden.

Dan is er opeens ook veel minder reden
voor oorlog!

AANTEKENINGEN, GEDACHTEN EN INZICHTEN

Hersteld Zelf-Gevoel

AANTEKENINGEN, GEDACHTEN EN INZICHTEN

DAG
64

Voor de workaholics onder ons

Vind je het lastig om dingen van
je overvolle to-do lijstje te schrappen?

in dat geval moet je je misschien eens afvragen
wat je denkt dat er op het spel staat.

Gaat het echt wel om wat er op dit moment
voor je speelt?
Of heeft je behoefte om bepaalde dingen
gedaan te hebben meer te maken met
een **Verborgen Agenda**
diep binnen in jezelf,
waar je je niet eens bewust van bent,
laat staan dat je toe kunt geven dat die er is?

Zelf-kennis is macht.

AANTEKENINGEN, GEDACHTEN EN INZICHTEN

Dag

65

We hebben het allemaal druk, druk, druk

MAAR

omschakelen en opnieuw
beginnen is mogelijk
op elk moment van de dag.

Om te veranderen is er slechts één beslissing nodig.

AANTEKENINGEN, GEDACHTEN EN INZICHTEN

DAG
66

Voor degenen die zijn teruggevallen

Terugvallen en opnieuw afhankelijk zijn van een
Vals Zelf-Gevoel betekent dat een
terugschakeling heeft plaatsgevonden
naar je automatische piloot, die dan (weer)
je leven gaat beheersen.
Signalen en symptomen zijn:
de zenuwen hebben omdat je bang bent dat je
niet opgewassen bent tegen de taken die je jezelf
hebt opgelegd, of dat je niet
aan bepaalde verwachtingen of eisen
kunt voldoen.

Misschien kun je niet slapen
of ben je voortdurend gehaast...
STOP die terugval!
Herinner jezelf eraan
dat jouw leven van jou is:
je bent vrij om te doen en laten wat JIJ wilt;
je bent vrij om JEZELF te zijn.

AANTEKENINGEN, GEDACHTEN EN INZICHTEN

DAG
67

Waarom krijgen sommige mensen
op natuurlijke wijze een **Gezond Zelf-Gevoel**,
terwijl anderen
een **Gebrek aan Zelf-Gevoel** hebben,
wat hen afhankelijk maakt van een
Vals Zelf-Gevoel?

Misschien waren hun ouders in staat om
hen te laten merken
dat zij wel degelijk meetelden
door hen als 'echt' individu te zien en te
behandelen.

Ouders, zorg dat je een echte relatie opbouwt
met je kinderen
door hen te beschouwen als echte individuen
met een eigen persoonlijkheid
en een eigen stem.

Door je kinderen te laten voelen
dat ze er mogen zijn, geef je hen de mogelijkheid
om een Gezond Zelf-Gevoel te ontwikkelen.
Een cadeau voor het leven!

AANTEKENINGEN, GEDACHTEN EN INZICHTEN

Dag

68

Gedeelde verantwoordelijkheid

Als autobestuurder dacht ik altijd
dat het alleen mijn verantwoordelijkheid was
om niet tegen andere auto's aan te rijden…
Totdat ik inzag dat andere mensen ook moeten
opletten om niet tegen mijn auto te botsen.

Op vergelijkbare wijze

ben ik niet de enige die verantwoordelijk
is voor ruzies en meningsverschillen
die uit de hand lopen
of die ons leven delen.

Wat een opluchting dat ik die last
niet
helemaal alleen
hoef te dragen!

AANTEKENINGEN, GEDACHTEN EN INZICHTEN

Loop minder risico (1)

Werken aan een **Gezond Zelf-Gevoel**
leidt tot een betere algehele gezondheid
dus
word je minder gestrest
en daardoor minder ontvankelijk voor
aanvallen
van virussen en bacteriën op je lichaam.

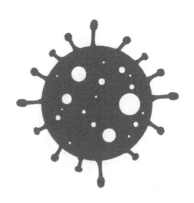

AANTEKENINGEN, GEDACHTEN EN INZICHTEN

Loop minder risico (2)

Werken aan
een **Gezond Zelf-Gevoel**
leidt tot beter functioneren op je werk.
Dan ben je minder gespannen
dus
ben je minder vatbaar voor ziektes en ongevallen
die voortkomen uit werkstress.

Beroepsmusici:
minder spierspanning als gevolg van stress!

AANTEKENINGEN, GEDACHTEN EN INZICHTEN

DAG
71

Voor degenen onder ons die te veel eten en drinken

Hier is een goedkope remedie tegen
te veel eten en tegen
drugs – en alcoholmisbruik.

We hebben de neiging om na het werk iets
te willen eten en drinken, als een soort beloning.

Als we ervoor zorgen dat
we handelen vanuit **Directe Motivatie**

halen we voldoening uit
ons handelen en ons werk *zelf*,
en dát is dan de beloning.

Dan hunkeren we niet meer zo naar iets lekkers
als we klaar zijn.

AANTEKENINGEN, GEDACHTEN EN INZICHTEN

DAG
72

Van uitstel komt afstel!

Ontdek wat je hart
sneller doet kloppen!

HOU OP slaaf te zijn van
alle agendapunten die
je automatische piloot je oplegt.

Word je bewust
van de zware last die
dat op je schouders legt.

Stel jezelf de vraag:

Waar word ik echt blij van?

DOE HET!

AANTEKENINGEN, GEDACHTEN EN INZICHTEN

DAG
73

LISTIG

Zo vaak neigen we ernaar om
ons helingsproces te gebruiken

om ons nog hardnekkiger vast te bijten in
die fouten die onze pijn nou net veroorzaken.

We denken dat
we beter weten wat goed voor ons is
dan de Natuur.

Ben je bereid om op te geven
wat tot nu toe niet heeft gewerkt
of
ben je van plan jouw genezingsproces
te gebruiken
om, met alle geweld,
toch je (Verborgen) Doel te bereiken?

AANTEKENINGEN, GEDACHTEN EN INZICHTEN

Hersteld Zelf-Gevoel

Als je een
Hersteld Zelf-Gevoel hebt weten
te bereiken, kun je eindelijk

(weer) spelen
en genieten van het leven.

Ga een instrument bespelen,
ga zingen, sporten,
ga wandelen of een mooie stad bezoeken,
help een vriend,
breng tijd door met je familie...
of schrijf een boek.

Nu begrijp je eindelijk waarom mensen zo
gelukkig kunnen zijn,
want nu kun jij het ook!

AANTEKENINGEN, GEDACHTEN EN INZICHTEN

Directe Motivatie

AANTEKENINGEN, GEDACHTEN EN INZICHTEN

DAG

75

Voor de eetverslaafden onder ons

Er zijn vijf redenen om te eten:

om jezelf te voeden,
om jezelf te verwennen,
om jezelf te aarden,
om jezelf te belonen,
om woede kwijt te raken door,
je kaken te bewegen.

Als je een **Gezond Zelf-Gevoel** hebt,
blijft alleen die enige goede reden over!

AANTEKENINGEN, GEDACHTEN EN INZICHTEN

DAG
76

Heb je je ooit afgevraagd
waarom je altijd door moet werken totdat
je een **'Goed-gevoel-hebt-over-jezelf'**?

Zou je je niet altijd
goed moeten voelen over jezelf?
Is het echt omdat je tevreden wilt zijn over
wat je gedaan hebt of over
de manier waarop je dat deed?

Of gaat het veel dieper?

Is dat gevoel van beloning iets dat je,
koste wat het kost, bereiken moet
en dat je eigenlijk dwingt
tot bepaalde activiteiten of gedragingen?

Dan wordt het tijd om je Zelf-Gevoel te herstellen.
Weet dat jij er al BENT
en dat het resultaat van je handelen of gedrag
je niet
tot een ander mens maakt.

AANTEKENINGEN, GEDACHTEN EN INZICHTEN

DAG
77

Voor de pacifisten onder ons

Hoeveel mensen die jij kent lijken zichZelf
echt te kennen, en hoeveel zijn er echt
helemaal zichZelf?

Als we niet met een **Gezond Zelf-Gevoel** zijn
opgegroeid, dan is het een vaardigheid die we
ons eigen moeten maken.

Velen van ons worden pas echt helemaal onsZelf
als we al lang volwassen zijn, en dat leerproces
blijkt meer werk te zijn
dan we ooit hadden gedacht.

Maar als we het eenmaal te pakken hebben,
hebben we de kloof overbrugd tussen
de oude en de nieuwe wereld.

Dan zijn we in staat om onze kinderen zó
op te voeden dat zij wél meteen zichZelf kunnen
worden. En als we eenmaal zover zijn,
is er geen reden meer
voor oorlog.

AANTEKENINGEN, GEDACHTEN EN INZICHTEN

DAG
78

Voor degenen die onzeker zijn

Velen van ons zijn onzeker.
Laten we, gezamenlijk, de bekende vraag
'Als ik het nou niet kan…?' veranderen in
'Als ik het nou WEL eens kan…?'

Beschouw de eeuwige twijfel, bij ons ingeprent
door onze minder fortuinlijke ouder(s), als de
doodlopende straat die
we moeten leren vermijden.

Het is maar een
geconditioneerde reflex gedachte.

Laten we onszelf aanleren om voortaan te
denken: 'Als ik het (nou) WEL eens kan…?'

We zullen zien dat zich dan een hele nieuwe
wereld voor ons opent.

AANTEKENINGEN, GEDACHTEN EN INZICHTEN

Voor de workaholics onder ons

Hoe verleidelijk is het niet om
je compleet te identificeren met wat je
beroepshalve doet!

Wil je steeds maar opnieuw een
'Goed-gevoel-hebben-over-jezelf'
als je iets goed gedaan hebt? Streef je er aldoor
maar naar om dat 'Goeie-gevoel-over-jezelf'
terug te krijgen?

Als die dwang te sterk is
moet je je afvragen:
'Wie ben ik ZONDER dat gevoel?'
Het is cruciaal om te ontdekken
of je er misschien aan verslaafd bent.

Let wel: er is niets mis met een goed gevoel
op een **Niveau van Leven-van-alledag**
Het is prima om je tevreden te voelen
als je goed werk hebt geleverd.

AANTEKENINGEN, GEDACHTEN EN INZICHTEN

Dag
80

Voor ons allemaal

We zitten allemaal in hetzelfde schuitje!

Als we allemaal onze eigen problemen oplossen,
hoeven we niet meer jaloers, hebzuchtig,
defensief of arrogant te zijn,
omdat we alles al hebben
dat er nodig is om onszelf te zijn.

Een boodschap voor iedereen:
'We zijn allemaal hetzelfde, maar ook op een
unieke manier verschillend!'

AANTEKENINGEN, GEDACHTEN EN INZICHTEN

Dag
81

Je Zelf vinden

Eerst had ik geen idee
wie ik was,
wat 'Zelf' betekende,
waar ik het kon vinden of
hoe ik me ermee moest verbinden.

Het heeft me dertigjaar gekost
om het te ontdekken.

Nu kun jij leren wat ik ontdekt heb
en het in je eigen voordeel gebruiken:
Herstel je Zelf-Gevoel
door
het *boek** te lezen of
de *cursus** te doen.

Daarmee help je jezelf, en je leert
om echt je eigen leven te leiden. Pas dan kun je
echt bijdragen aan het leven van anderen!

* Zie de *Gezond Zelf-Gevoel producten* pagina 307.

AANTEKENINGEN, GEDACHTEN EN INZICHTEN

DAG

82

Je bent aanwezig in je Zelf als:

- Je je bewust bent van je lichaam;
- je je direct verbonden voelt met je eigen zijn;
- je voor jezelf denkt;
- je bewust in het Hier en Nu leeft;
- je anderen neemt voor wie ze zijn;
- je gesprekken voert om informatie over te brengen, of gewoon voor de lol;
- je werkt met als doel om van A naar B of Z te komen, of voor je plezier;
- je leven geen 'show' is;
- je je bewust bent van je zintuigen;
- je weet dat het gevaar blijft bestaan dat je terugvalt op je automatische piloot;
- je in staat bent in te zien dat het leven tijdelijk en kostbaar is en je het ook als zodanig waardeert;
- je in staat bent met anderen om te gaan zonder behoeftig te zijn.

NU ben je klaar om deel uit te maken van – en bij te dragen aan

Een gezonde samenleving!

AANTEKENINGEN, GEDACHTEN EN INZICHTEN

Zorg dat je aan jezelf blijft werken
en doe het met overtuiging:
Herstel je Zelf-Gevoel!

Dat is het beste cadeau dat je jezelf kunt geven
en zo kun je tevens bijdragen
aan een betere wereld!

Dat potentieel heb je bij
je geboorte meegekregen.
Maar je hebt de juiste feedback nodig, op het
juiste moment, om het goed te kunnen
ontwikkelen.

Met verkeerde feedback of helemaal geen
feedback wordt je **Zelf-Gevoel**
als een misvormde boom,
en net als die boom
zou je kunnen wegkwijnen.

Je kunt er iets aan doen:
corrigeer je misvormde Zelf-Gevoel
zodat je de kans krijgt de
grootse blauwdruk van je ziel te ontwikkelen
en je leven ten volle te leven.

AANTEKENINGEN, GEDACHTEN EN INZICHTEN

Indirecte Motivatie

AANTEKENINGEN, GEDACHTEN EN INZICHTEN

DAG

84

De strijd om het bestaan

De kracht die nodig is
om zelfbewustzijn te creëren
en je **Zelf-Gevoel** te Herstellen

is vergelijkbaar

met het gevecht op leven en dood
van een antilope in de klauwen van een leeuw.

AANTEKENINGEN, GEDACHTEN EN INZICHTEN

DAG
85

Alleen vanuit je hoofd leven

Ons **Zelf-Gevoel**
begint met bewustwording van ons lichaam.

Te vaak
worden we dusdanig opgeslokt door de dingen die
we doen
dat we vergeten dat we een lichaam hebben.

Het is alsof we slechts een zwevend brein zijn dat,
koste wat het kost,
moet slagen
in al die taken
waar we mee
bezig zijn.

AANTEKENINGEN, GEDACHTEN EN INZICHTEN

Dag
86

Lichamelijk bewustzijn

Hoe krijgje meer lichamelijk bewustzijn?

Noem
alle verschillende lichaamsdelen,
organen en
lichaamsfuncties op
die je kunt bedenken.
Hardop!

Voeg daaraan toe
je gedachtewereld,
je emoties,
de energie die je gegeven is.

Sommige mensen zullen ook hun 'geest'
daarbij willen noemen.

Dat alles, dat ben JIJ
en het is niet nodig om aan allerlei eisen
te voldoen om daarvan te genieten!

AANTEKENINGEN, GEDACHTEN EN INZICHTEN

DAG
87

Ons **Zelf-Gevoel** is
de ruggengraat van onze psyche;
zonder dat Zelf-Gevoel
zijn we zo slap als een vaatdoek.

AANTEKENINGEN, GEDACHTEN EN INZICHTEN

DAG
88

Werken aan je Zelf…
wat betekent dat eigenlijk?

Introspectie,
naar binnen kijken,
ontdekken hoe je in elkaar zit en je afvragen:

'Waar kom ik 's morgens mijn bed voor uit?'

Wat is JOUW uiteindelijke Motivatie?
Als het antwoord je niet bevalt,
doe er dan wat aan!

Zorg dat je een antwoord krijgt,
dat je leven wél de moeite waard maakt.

AANTEKENINGEN, GEDACHTEN EN INZICHTEN

DAG
89

Je leeft maar één keer.

Zorg er dus voor dat je ook écht
JOUW eigen leven leeft!

AANTEKENINGEN, GEDACHTEN EN INZICHTEN

DAG
90

Je bewust zijn van- en
verbonden voelen met

JOUW LICHAAM

is een must
als je echt jezelf wilt zijn.

Je lichaam vormt een groot deel van je wezen.

Wie/wat zou jij zijn
zonder jouw lichaam?

AANTEKENINGEN, GEDACHTEN EN INZICHTEN

DAG
91

Voor de ouders en kinderen onder Ons

Wat hebben alle mensen met elkaar gemeen?

Inderdaad,
we hebben allemaal ouders of verzorgers.

We zijn allemaal grootgebracht en opgevoed
door mensen die zelf meestal
net zo onzeker en behoeftig zijn
als wijzelf;

ze zien er alleen wat ouder uit.

AANTEKENINGEN, GEDACHTEN EN INZICHTEN

Dag
92

Voor de kinderen onder ons!

Ouders zijn ook maar mensen!

Vanuit hun eigen onzekerheid en
emotionele behoeftigheid maken zij
ook niet altijd de beste keuzes of
gedragen ze zich op de juiste manier.

Begin dus te vertrouwen
op je eigen beoordelingsvermogen,

maar

dat moet dan wel
werkelijk
het JOUWE zijn.

AANTEKENINGEN, GEDACHTEN EN INZICHTEN

Verborgen Agenda

AANTEKENINGEN, GEDACHTEN EN INZICHTEN

DAG
93

Voor de ouders onder ons!

Help mee
om de haat in de wereld
te verminderen:

Zorg ervoor dat je zoons en dochters
werkelijk tot bloei kunnen komen
door hen zichzelf te laten zijn.

Je moet er echt,
voor de volle 100%,
voor ze zijn.

Erkén hun bestaan in deze wereld.
Laat ze zien dat je ze wérkelijk ziet,
accepteer ze zoals ze zijn,
zodat ze
een **Gezond Zelf-Gevoel** kunnen ontwikkelen
en echt
hun eigen leven kunnen leiden!

AANTEKENINGEN, GEDACHTEN EN INZICHTEN

Dag
94

Denk zelf
na en zorg ervoor dat
er niemand anders
in je hoofd aan de knoppen draait,
je gedachten stuurt en
bepaalt wat er in jouw leven gebeurt.

Kijk naar de wereld
met frisse, onbezoedelde blik
en vel dan
je eigen zuivere oordeel.

AANTEKENINGEN, GEDACHTEN EN INZICHTEN

DAG
95

Op het moment dat je werkelijk jezelf bent
terwijl je je mening over iets geeft,
voel je je in balans
en
vrij van angst of paniek.

Geen hartkloppingen meer
of
klamme handen
omdat
je weet
dat je,

voor je **Zelf-Gevoel**, niet afhankelijk bent
van wat je doet of zegt.

AANTEKENINGEN, GEDACHTEN EN INZICHTEN

DAG
96

Mijn leven is van mij!

Leef in het Hier en Nu.

Laat niemand anders in je oor fluisteren
hoe je je moet gedragen en
welke keuzes je moet maken…

Zeg maar gewoon:

'Dank je wel, maar
het is mijn lichaam en mijn leven.
Ik maak mijn eigen keuzes!'

AANTEKENINGEN, GEDACHTEN EN INZICHTEN

DAG
97

Erken jezelf *NU*,
als een unieke, onafhankelijke persoon,
zelfs
als je ouders dat toen niet konden.

Jezelf zijn is het enige wat je hoeft te doen
in deze wereld en
alles wat je daarvoor nodig hebt, heb je al.

En geloof me, daarmee draag je zelfs bij
aan een betere wereld!

AANTEKENINGEN, GEDACHTEN EN INZICHTEN

Kijk naar de bomen,
allemaal verschillend en toch hetzelfde.

Je hersenen zijn als een boom;
zenuwbanen hebben zich ontwikkeld in
vaste vormen, net als de takken van een boom.

Als we onze schedel konden lichten
en duidelijk konden zien
welke gebieden in onze hersenen floreren en
welke gebieden moeten knokken om
het daglicht te kunnen zien –

zouden we ongetwijfeld meer
compassie hebben
voor onszelf
én voor anderen.

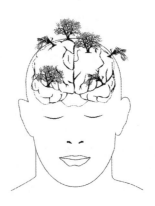

AANTEKENINGEN, GEDACHTEN EN INZICHTEN

Ik nodigje uit
om je eigen hersenboom te tekenen.

Hoe denk je dat die er uit ziet?

Welk deel is in balans?

Welk deel is onderontwikkeld
of zelfs
niet eens aanwezig?

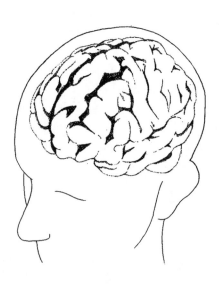

AANTEKENINGEN, GEDACHTEN EN INZICHTEN

100

Het is veel gemakkelijker om
een **Gezond Zelf-Gevoel** te hebben
als we alleen zijn
dan
in een groep.

Nu we dit weten,
kunnen we er beter op letten

dat we ons **Zelf-Gevoel** niet kwijtraken
als we met vrienden en familie zijn!

AANTEKENINGEN, GEDACHTEN EN INZICHTEN

101

Eem **Zelf-Gevoel**
is een vreugd' voor eeuwig...

als het tenminste
gezond is!

AANTEKENINGEN, GEDACHTEN EN INZICHTEN

Dag
102

Een stukje theorie

Ego-Referenties is een term die we
gebruiken in de *Zelf-Gevoel Methode**,

Ego-Referenties zijn regels
die je jezelf opgelegd hebt, en waaraan je je
moet houden
omdat je,
toen je klein was, begreep

dat je daarmee de goedkeuring
van je verzorger kreeg,
wat jou dan weer

dat **'Goed-gevoel-over-jezelf'** gaf,
en eigenlijk
nog steeds geeft.

* Zie de *Gezond Zelf-Gevoel producten* pagina 307.

AANTEKENINGEN, GEDACHTEN EN INZICHTEN

DAG
103

Vraag je af:

'Waarom doe ik dit werk?
Waarom wil ik dit doel bereiken?'

Als het antwoord luidt:
'om de goedkeuring van mijn ouders te krijgen'
waardoor
ik dat **'Goed-gevoel-over mezelf'** krijg,

dan moet je nog leren om
met je eigen hoofd te denken.

Bepaal je eigen waarden
en leef ernaar!

AANTEKENINGEN, GEDACHTEN EN INZICHTEN

Hoe bouwen we een Gezond Zelf-Gevoel op?
Hoe herstellen we ons Zelf-Gevoel?

Stelling I*

Vraag je af of je
je werkelijk verbonden voelt
met je eigen lichaam
of
dat je voornamelijk bezig bent
met allerlei dingen in je hoofd…
met het werk dat gedaan moet worden
met al die mensen die tevreden gehouden
moeten worden
tevreden met jou of met elkaar
of met al die andere zorgen
die zo kenmerkend zijn
voor jou.

---

* Zie *De Twaalf Herconditionerings-Stellingen*, pagina's 290-291.

AANTEKENINGEN, GEDACHTEN EN INZICHTEN

Hoe bouwen we een Gezond Zelf-Gevoel op?
Hoe herstellen we ons Zelf-Gevoel?

Stelling II

Probeer een directe verbinding
tot stand te brengen
met jezelf en met de dingen,
mensen en gebeurtenissen om je heen.

Met andere woorden:
Zorg ervoor dat je handelingen en je gedrag geen
Voertuigen zijn
voor een **Vals Zelf-Gevoel**,
dat zich manifesteert als een verlangen naar

dat **'Goed-gevoel-over-jezelf'**.

AANTEKENINGEN, GEDACHTEN EN INZICHTEN

DAG
106

Hoe bouwen we een Gezond Zelf-Gevoel op?
Hoe herstellen we ons Zelf-Gevoel?

Stelling III

Wees in het 'Hier en Nu'
en blijf niet in de ban van
het verleden,

om te proberen de gemiste basis voor de
ontwikkeling van een **Gezond Zelf-Gevoel** te
compenseren

ERKEN JEZELF

als op zichzelfstaande, unieke persoon
met jouw eigen leven, jouw eigen karma,
jouw eigen smaak, jouw eigen voorkeur en mening!

AANTEKENINGEN, GEDACHTEN EN INZICHTEN

DAG
107

Hoe bouwen we een Gezond Zelf-Gevoel op?
Hoe herstellen we ons Zelf-Gevoel?

Stelling IV

Doe serieus je best om te ontdekken

wie die andere persoon is
die in jouw geest actief is.

Zijn het echt je eigen
meningen, oordelen of criteria
die je gebruikt om je gedrag te rechtvaardigen?

En zo niet, van wie zijn ze dan wel?

Smijt 'm d'r uit!

AANTEKENINGEN, GEDACHTEN EN INZICHTEN

Hoe bouwen we een Gezond Zelf-Gevoel op?
Hoe herstellen we ons Zelf-Gevoel?

Stelling V

ik gebruik mijn zintuigen heel bewust

IK BEN omdat
ik kijk en echt kan zien;
IK BEN omdat
ik luister en echt kan horen;
IK BEN omdat
ik ruik en weet wat ik ruik;
IK BEN omdat
ik het gras onder mijn blote voeten voel;
IK BEN omdat
ik de honing proef en ervan geniet dat ik dat kan.

Ik luister dus IK BEN –
ik zie dus IK BEN –
Ik ruik dus IK BEN –
ik proef dus het moet wel zo zijn dat Ik BESTA

Ik voel dus IK BESTA
ik voel mij(n) Zelf.

AANTEKENINGEN, GEDACHTEN EN INZICHTEN

Voertuig

AANTEKENINGEN, GEDACHTEN EN INZICHTEN

Hoe bouwen we een Gezond Zelf-Gevoel op?
Hoe herstellen we ons Zelf-Gevoel?

Stelling VI

Zorg ervoor dat je werkelijk in staat bent
om te STOPPEN met werken
als je zin hebt om iets anders te gaan doen!

Verzet je tegen de dwang
om door te gaan totdat je
dat 'Goed-gevoel-over-jezelf' hebt.

Realiseer je dat je werkelijke Motivatie
misschien niets te maken heeft met WAT je doet
maar alleen met WAAROM je het doet.
Ontdek wat je in de tang houdt!

Anders loop je het risico dat je er niet
aan toe komt om je eigen leven te leven!

AANTEKENINGEN, GEDACHTEN EN INZICHTEN

DAG
110

Hoe bouwen we een Gezond Zelf-Gevoel op?
Hoe herstellen we ons Zelf-Gevoel?

Stelling VII

Luister actief naar de persoon
met wie je in gesprek bent.

Zorg ervoor dat je hem neemt
voor wie hij werkelijk is.

Zorg ervoor dat je haar neemt
voor wie zij werkelijk is.

Zorg ervoor dat jouw automatische piloot
die persoon niet verwart
met iemand uit je verleden, met wie je nog een
appeltje te schillen hebt!

AANTEKENINGEN, GEDACHTEN EN INZICHTEN

DAG
111

Hoe bouwen we een Gezond Zelf-Gevoel op?
Hoe herstellen we ons Zelf-Gevoel?

Stelling VIII

Als je met anderen in gesprek bent,
observeer jezelf dan
en vraag je af wat je doel is.

Rek het gesprek niet eindeloos om
een 'Goed-gevoel-over-jezelf' te krijgen.

Geef voorrang aan de
inhoud van het gesprek en niet
aan het bevredigen van de behoefte.

AANTEKENINGEN, GEDACHTEN EN INZICHTEN

DAG
112

Hoe bouwen we een Gezond Zelf-Gevoel op?
Hoe herstellen we ons Zelf-Gevoel?

Stelling IX

Zorg ervoor
dat je leven geen voorstelling is.

Zorg ervoor dat je je leven werkelijk *leeft*.

AANTEKENINGEN, GEDACHTEN EN INZICHTEN

DAG
113

Hoe bouwen we een Gezond Zelf-Gevoel op?
Hoe herstellen we ons Zelf-Gevoel?

Stelling X

Nu ik hersteld ben van mijn verslaving
aan een **Vals Zelf-Gevoel**
weet ik
dat terugvallen
altijd op de loer ligt.

Ik ben me daar terdege van bewust.

En als het gebeurt
behandel ik mezelf met zachtheid
maar wel vastbesloten
om terug te keren
naar het pad dat
leidt naar
een **Gezond Zelf-Gevoel**.

AANTEKENINGEN, GEDACHTEN EN INZICHTEN

DAG
114

Hoe bouwen we een Gezond Zelf-Gevoel op?
Hoe herstellen we ons Zelf-Gevoel?

Stelling XI

Nu ik mijn Zelf voor mezelf heb,
ben ik er klaar voor
om mijn leven met anderen te delen.

Alleen als we emotioneel onafhankelijk zijn,
kunnen we, op een gezonde manier,
elkaar steunen en samenwerken

en bouwen
aan een ideale samenleving en

een betere wereld!

AANTEKENINGEN, GEDACHTEN EN INZICHTEN

Hoe bouwen we een Gezond Zelf-Gevoel op?
Hoe herstellen we ons Zelf-Gevoel?

Stelling XII

Als ik mezelf kan voelen,
kan ik mezelf zijn.
ik ben nu niet meer afhankelijk
van anderen om gelukkig te zijn!
Ik ben ontspannen
ik heb geen **Verborgen Doelen**.

Nu ik mij(n) Zelf ken
mentaal, emotioneel, en fysiek,
kan ik pas echt geven:
onvoorwaardelijk,
want als ik nu geef,
geef ik uit dienstbaarheid.

Een gezonde gemeenschap wordt gevormd
door mensen met een **Gezond Zelf-Gevoel**.

AANTEKENINGEN, GEDACHTEN EN INZICHTEN

DAG
116

Wij, mensen
met een **Gezond Zelf-Gevoel**,
hoeven niet met anderen te vechten uit angst
dat zij ons beletten om
dat **'Goed-gevoel-over-jezelf'** te krijgen.

Wij hoeven dat gevoel niet
van buitenaf binnen te halen!
Wij hoeven dat gevoel niet te verdienen
want
wij voelen ons altijd goed over onszelf!

AANTEKENINGEN, GEDACHTEN EN INZICHTEN

DAG
117

Als er een groot verschil bestaat
tussen
wat je moet doen,
bijvoorbeeld om brood op de plank te krijgen
en
wat je eigenlijk zou willen doen,
bijvoorbeeld muziek maken,
heb je geluk.

De meeste mensen weten niet wat ze willen.

Wees je Zelf
en doe niet wat je 'zou moeten' doen

maar
wat je werkelijk wilt
of belangrijk vindt om te doen!

AANTEKENINGEN, GEDACHTEN EN INZICHTEN

DAG
118

Zelf-Kennis
is
een machtig wapen

TEGEN OORLOG!

AANTEKENINGEN, GEDACHTEN EN INZICHTEN

Dag
119

Welk verhaal kies jij?

Ik wil dat de wereld perfect is, zodat
ik mijn ouders gelukkig kan maken.
Misschien 'zien' ze me dan als
de persoon die ik echt ben.
Misschien word ik dan behandeld als een normaal,
'echt' mens.

OF

Ik heb de moed om
toe te geven dat de wereld verre van perfect is,
dus mag ik mezelf ook toestaan om
niet perfect te zijn,
zodat ik gewoon van anderen kan genieten
zonder hen te veroordelen,
en zodat ik écht
vrienden kan hebben!

AANTEKENINGEN, GEDACHTEN EN INZICHTEN

Hé, mensen met een **Gezond Zelf-Gevoel**!
Kennen jullie toevallig iemand
in je eigen omgeving
met een **Zelf-Gevoel** dat niet zo sterk is?

Als ieder van ons belooft
om die persoon te helpen
om van een **Gebrek aan Zelf-Gevoel**
te komen tot
een **Hersteld Zelf-Gevoel**
door
hem of haar te laten kennismaken
met de *Zelf-Gevoel Methode*...

levert je dat zeker
extra karmapunten op!

AANTEKENINGEN, GEDACHTEN EN INZICHTEN

AANTEKENINGEN, GEDACHTEN EN INZICHTEN

AANTEKENINGEN, GEDACHTEN EN INZICHTEN

Woordenlijst

Angst voor Bestaansloosheid

Angst om niet gehoord te worden door, en onzichtbaar te zijn voor anderen.

Authentieke Zelf /Echte Eigenlijke Ik (EEI)

De totaliteit van lichaam, geest en emoties, die wordt ervaren op de gezondste, meest geïntegreerde manier als onafhankelijk en autonoom wezen. Handelen en bewustzijn zijn gebaseerd op leefervaring en niet besmet door ziekelijke motieven.*

* Niet zozeer bedoeld in spirituele zin, maar meer als een verwijzing naar de hele persoon die je werkelijk bent.

Bestaansloosheid

Een sterk gevoel over het hoofd gezien te worden, niet gezien of gehoord te worden, geen effect op je omgeving te hebben wat ervaren wordt als 'niet-bestaan'.

Directe Motivatie

Eenvoudige, eerlijke motivatie die geworteld is in het Hier en Nu.

Directe Relatie met je Zelf

Een manier om je eigen 'zijn' te ervaren waarbij je je bewust bent van je lichaam en je je Zelf ervaart zonder dat je hoeft terug te grijpen op prestaties of anderman's mening over jou.

Ego-Referenties (EgoRefs)

Onbewust aanvaarde eisen over hoe je je moet voelen en gedragen om goedkeuring van anderen te krijgen, als vervanging van een gezonde manier om je Zelf te ervaren.

Focussen

Ontspannen bewegingen van de ogen, met de mogelijkheid om voor langere tijd in dezelfde positie te blijven. Dit wijst op een geaarde dispositie, die eigen is aan mensen met een Gezond Zelf-Gevoel.

Gebrek aan Zelf-Gevoel (GebrekZG)

Karakterisering van iemand die nooit het natuurlijke, blijvende, innerlijke bewustzijn heeft ontwikkeld een 'echt' onafhankelijk mens te zijn.

Gezond Zelf-Gevoel

Het vermogen om jezelf te ervaren en voor jezelf en in je eigen leven aanwezig te zijn, en te beseffen dat zowel je Zelf als je leven van JOU zijn en van niemand anders. Het omvat het recht om te leven en JeZelf te zijn, en je innerlijke kern als je thuis te ervaren van waaruit je leeft.

'Goed-gevoel-over-jezelf' (Goedgevoel)

Een emotionele toestand (of gevoel) van betrekkelijk welzijn en geborgenheid, gebaseerd op het (op dat moment) ontbreken van de dwang om per se bepaalde resultaten te laten zien. Dit gevoel krijg je als je erin slaagt te voldoen aan de wensen van je ouder/ verzorger waardoor je goedkeuring krijgt. Deze dient als een tijdelijke, ongezonde invulling van het afwezige, oprechte gevoel dat je leeft, dat je een 'echt' mens bent.

Hersteld Zelf-Gevoel (HersteldZG)

Het eindresultaat van het werken met de Zelf-Gevoel Methode, de genezing van de afhankelijkheid van een Vals Zelf-Gevoel. Je hebt een onwankelbaar bewustzijn dat je je eigen persoon bent, vrij om te leven vanuit je eigen essentie, voorkeur, capaciteiten en beperkingen. Je bent emotioneel vrij van je ouders en van elke vorm van afhankelijkheid van prestaties of goedkeuring. Wat er overblijft is een duurzaam gevoel dat je (onvoorwaardelijk) levend en 'echt' bent.

Hindernis

Elk obstakel op de weg naar een Vals Zelf-Gevoel, dat kan leiden tot woede en zelfs tot geweld, of tot het tegenovergestelde daarvan: depressie.

Indirecte Motivatie

Indirecte Motivatie is de drang om iets te doen of te vermijden, maar om een andere reden dan het lijkt. Het echte motief is om je Verborgen Agenda te verwezenlijken en uiteindelijk je Verborgen Doel, omdat het leidt naar het tijdelijk gevoel van welzijn dat functioneert als vervanging van het duurzamere gevoel een 'echte' persoon te zijn.

Indirecte Relatie met Je Zelf

Het ervaren van je 'Zelf' via je prestaties of via de (positieve) reacties van anderen, wat je interpreteert als: 'ik mag er zijn', en dat je een gevoel van veiligheid geeft dat tijdelijk is. Dit, in tegenstelling tot het gezonde, blijvende gevoel dat je in orde bent zoals je bent.

Innerlijk Conflict

Twee of meer concurrerende en onverenigbare, innerlijke opdrachten die gericht zijn op het ervaren van een Vals Zelf-Gevoel. Dit leidt tot spanning en angst omdat deze competitie nooit een winnaar opleveren kan.

(De) Magische Formule

Een ezelsbruggetje om de kern van de Zelf-Gevoel Methode goed te kunnen onthouden: Streep eerst het beoordelende woordje 'over' door—heb geen oordeel over jezelf—maar wees gewoon jezelf en streep dan ook het woordje 'goed' door. Voel je altijd goed over jezelf; dat zou gewoon moeten zijn. Nu hou je over: voel jezelf = heb een Gezond Zelf-Gevoel!

Motivatie

Datgene wat een stimulans geeft of de drang schept om iets te doen, te laten of te vermijden. Motivatie is de motor die gedrag aandrijft.

Motivatieonderzoek

Een belangrijk instrument in de ZG-Methode dat dient om a) je Indirecte Motivatie te ontdekken en b) een lijst te maken van je Ego-Referenties en je Verborgen Agenda's en inzicht te krijgen in wat je Verborgen Doel is.

Natuurlijk Zelf-Gevoel (NatuurZG)

Het onderbewuste gevoel – dat normaal gesproken wordt ontwikkeld in je kinderjaren – dat je leeft als een 'echt', uniek individu en dat je het onvoorwaardelijke recht hebt om te zijn zoals je bent, onafhankelijk van wat anderen over je denken of zeggen.

Niveau van het 'Leven-van-alledag' ('Alledaags')

Een normale, gezonde manier van reageren op gebeurtenissen of het gedrag van anderen, die in verhouding is met het effect dat die gebeurtenissen op je hebben. Dit, in tegenstelling tot de manier waarop je geneigd bent te reageren alsof je leven ervan afhangt omdat je, al dan niet bewust, afhankelijk bent van een Vals Zelf-Gevoel.

Op Vals Zelf-Gevoel gericht Doel (ValsZGDoel)

Een onderbewust einddoel dat je hebt met je acties en je gedrag om je ouders ertoe te bewegen hun negatieve mening over jou te veranderen in een positieve, wat jou dan het gevoel geeft een 'echt' mens te zijn.

Op Vals Zelf-Gevoel gericht Systeem

Het gehele onderbewuste systeem van patronen van behoeftes, gedrag, gewoontes, overtuigingen, doelstellingen en angsten die gericht zijn op het verkrijgen van op prestatie gebaseerde goedkeuring, dat een ongezonde basis is voor het leven.

Overlevingsstrategie uit de Vroege Jeugd (OSV

De conclusies die je als baby en als kind instinctief trekt om in je behoeften te voorzien, en waardoor je op zoek gaat naar goedkeuring als je geen ouderlijke erkenning krijgt als uniek en op zichzelf bestaand individu. Dit proces vormt de basis voor een ongezonde manier om je Zelf te ervaren.

Scanmodus

Je ogen bewegen rusteloos, op zoek naar mogelijkheden om te 'scoren' (zie de definitie hieronder), wat de behoefte aan goedkeuring en een 'Goed-gevoel-over-jezelf' zou bevredigen. Scanmodus duidt op activiteit die gericht is op het bereiken van een ongezonde manier om je Zelf te ervaren.

Scoren

Het met succes gebruiken van een Voertuig om een Ego-Referentie te verbeteren; een succes dat ervaren wordt als het scoren van punten op weg naar je Verborgen Doel, resulterend in een 'Goed-gevoel-over-jezelf', wat dient als plaatsvervanger voor de echte Zelf-ervaring.

Spiegelen

De wederzijdse, onderbewuste, verbale en non-verbale processen waarin een kind de fundamentele feedback krijgt van de ouder/verzorger of het écht 'gezien' en behandeld wordt als een onafhankelijk individu, of slechts als een middel om de emotionele behoeften van de ouder(s) te vervullen.

Vals Zelf-Gevoel (VZG)

Een psycho-emotionele constructie die zich ontwikkelt als kunstmatige ruggengraat voor de psyche van kinderen die door hun ouders/verzorgers als een verlengstuk van zichzelf worden beschouwd, wat voor die kinderen (ook nog in hun volwassen leven) leidt tot dwangmatig streven naar op prestatie gebaseerde goedkeuring.

Verborgen Agenda

Een onderbewust doel dat je handelingen en gedrag aandrijft. Het gaat hier niet om het gewone, voor de hand liggende, voorspelbare doel, maar om een tot in perfectie uitvoeren van een Ego-Referentie, als de enige manier om je veilig te voelen op weg naar het bereiken van je Verborgen Doel: door je ouder/verzorger geaccepteerd en erkend worden.

Verborgen Doel

Het ultieme onderbewuste doel om goedkeuring van je ouders/verzorger te krijgen. Deze goedkeuring werkt als een ongezonde vervanging voor het gevoel gewaardeerd en erkend te worden als een 'echt' mens.

* Het Verborgen Doel hoeft niet altijd ouderlijke goedkeuring te zijn; het kan ook te maken hebben met het proberen los te raken van traumatische jeugdervaringen, zoals gepest worden, je niet geaccepteerd voelen door leeftijdgenoten, etc.

Verinnerlijkte Ouderlijke Stem (VOS)

De voortdurend herhaalde, verbale en non-verbale boodschappen, die ouders, bewust of onbewust, uitzenden naar hun kinderen; deze worden in hun hoofd geprent als fysieke neurologische paden, zodat ze later door het kind beschouwd worden als een onbetwiste waarheid over zichzelf.

Verstrengeling

Een ongezonde relatie tussen het kind en de primaire verzorger. De identiteit van het kind kan zich niet ontwikkelen en zijn motivatie blijft gericht op het verkrijgen van goedkeuring van de volwassene, wat extreme afhankelijkheid van de goedkeuring van die volwassene tot gevolg heeft.

Vertekenende Spiegel

Het proces waarin ouders of primaire verzorgers niet in staat zijn om hun kind te erkennen als een op zichzelf bestaand mens, omdat zij te zeer bezig zijn met hun eigen problemen en emotionele behoeftigheid. Als kind trek je de onvermijdelijke conclusie dat je bent zoals je je weerspiegeld ziet door je verzorger. Een begrijpelijke, maar onjuiste conclusie die verstrekkende, negatieve gevolgen kan hebben.

Voertuig

Een handeling of gedrag, bedoeld om specifieke vaardigheden of karaktereigenschappen te tonen, en niet om het voor de hand liggende, gewone doel ervan. De enige drijfveer is het verkrijgen van goedkeuring (Goedgevoel).

Zelf-Gevoel (ZG)

Een bewust en/of onbewust besef dat je zelfstandig bestaat als een uniek en potentieel autonoom mens.

(Het) Zwarte Gat

Metafoor voor een ondraaglijk en angstaanjagend gevoel van leegte en 'onzichtbaarheid,' zoals iemand met een Gebrek aan Zelf-Gevoel dat ervaart, omdat hij/zij zich niet een 'echt,' bestaand persoon voelt. Dit Zwarte Gat zuigt, bijna zoals een natuurkracht, gedrag en prestaties naar zich toe die tot goedkeuring zouden kunnen leiden. Het vult zich met alles wat eventueel zou kunnen dienen tot het verkrijgen van een Vals Zelf-Gevoel, wat onmiddellijk resulteert in de angst om dit weer te verliezen.

AANTEKENINGEN, GEDACHTEN EN INZICHTEN

De Twaalf Herconditionerings-stellingen

Ik ben klaar om deel uit te maken van een gezonde samenleving

XII

Ik ben klaar om mijn leven te delen met anderen
XI

Het is *mijn* leven en *mijn* lichaam
I

Terugval (op verslaving aan goedkeuring) ligt altijd op de loer
X

Ik ervaar mijzelf op een directe manier
II

Mijn werk is mijn werk en geen Voertuig naar een Vals Zelf-Gevoel
IX

Ik leef in het 'Hier en Nu'
III

Ik voer gesprekken om informatie uit te wisselen, of gewoon voor mijn plezier
VIII

Ik gebruik mijn eigen 'koppie' om na te denken
IV

Ik zie andere mensen voor wie ze zijn
VII

V
Ik ben me volledig bewust van mijn zintuigen

VI

Ik heb toegang tot mijn eigen gevoelens, voorkeur en meningen

De Twaalf
Herconditionerings-stellingen

I   Het is *mijn* leven en *mijn* lichaam.

II   Ik ervaar mijzelf op een directe manier.

III   Ik leef in het 'Hier en Nu'.

IV   Ik gebruik mijn eigen 'koppie' om na te denken.

V   Ik ben me volledig bewust van mijn zintuigen.

VI   Ik heb toegang tot mijn eigen gevoelens, voorkeuren en meningen.

VII   Ik zie andere mensen voor wie ze zijn.

VIII   Ik voer gesprekken om informatie uit te wisselen, of gewoon voor mijn plezier.

IX   Mijn werk is mijn werk en geen Voertuig naar een Vals Zelf-Gevoel.

X   Terugval (op verslaving aan goedkeuring) ligt altijd op de loer.

XI   Ik ben klaar om mijn leven te delen met anderen.

XII   Ik ben klaar om deel uit te maken van een gezonde samenleving.

Voordelen van een Gezond Zelf-Gevoel

Het opbouwen van een Gezond Zelf-Gevoel via de Zelf-Gevoel Methode gaat gepaard met allerlei voordelen zoals je er een aantal in het onderstaande overzicht kunt vinden:

Opvoeding

- Meer geduld
- Beter in staat tot opvoeden
- Minder woedeaanvallen en ruzies binnen het gezin
- Meer respect voor kinderen
- Betere leervaardigheden voor kinderen

Relaties

- Meer kans om liefde te vinden, te geven en te ontvangen
- Minder neiging controle uit te oefenen over anderen en over de omstandigheden
- Meer compassie, empathie, tolerantie; minder vijandigheid
- Betere sociale vaardigheden (vrienden, familie, collega's)

- Betere communicatieve vaardigheden
- Minder echtscheidingen

Ouderen*

- Betere algemene gezondheid
- Mogelijk minder gevoeligheid voor bepaalde ouder-domsziekten als alzheimer en dementie
- Meer voldoening

*onze ouders, en wijzelf als *wij* ouder worden!

Zelfhulp

- Minder stress
- Meer ontspannen zenuwen
- Beter werkende spijsvertering
- Geen zelfsabotage
- Minder of geen migraineaanvallen

Slaapproblemen

- Beter slapen
- Betere algemene conditie
- Meer energie, je voelt je actiever
- Maatschappelijk meer betrokken

Angst en wanhoop

- Minder paniekaanvallen
- Minder depressiviteit: je voelt je prettiger en bent meer betrokken
- Geen zelfmoordneigingen of – daden: meer levens-vreugde, geluk, succes
- Meer zelfacceptatie, en daarmee ook acceptatie van anderen

Verslavingsgedrag

- Minder drugsmisbruik; gezondere gewoontes
- Minder verslavingsgedrag; je kunt beter maat houden (shopping, seks, internet, TV, gokken, eten etc.)
- Minder dwangmatig gedrag
- Meer zelfachting; meer achting voor anderen

Gewelddadig gedrag

- Minder ongecontroleerd gedrag (zoals woede-uitbarstingen)
- Minder geweld en gescheld
- Minder oorlog
- Meer verantwoordelijkheid voor je eigen gedrag

Criminaliteit

- Meer gezond verstand, meer werkelijkheidszin
- Een betere balans tussen hoofd en hart; 'echte', onvervalste gevoelens
- Beter inzicht in het functioneren van de maatschappij
- Minder problemen met geld

Uitvoerende artiesten

- Betere zelfexpressie
- Minder faalangst (podiumvrees)

Maatschappij, gemeenschap, wereld

- Meer compassie en empathie
- Beter gevoel voor je eigen beperkingen, grenzen, potentieel en talenten
- Meer duidelijkheid in je voorkeur, meningen en je eigen smaak; geen angst om daarvoor uit te komen
- Prettiger gezelschap

Algemene gezondheid en welzijn

- Betere algemene gezondheid
- Minder last van reisziekte
- Minder gevoelig voor ongelukken die het gevolg zijn van ongefocust en grillig gedrag
- Minder last van vermoeidheid van de ogen
- Meer gemoedsrust

Succes in werk en zaken

- Succesvoller in zaken en andere creatieve uitingen
- Minder vatbaar voor beroepsgerelateerde blessures (musici!) door ontspannener spieren
- Meer kans om je doel te bereiken
- Beter concentratievermogen
- Beter geschikt voor teamwork
- Beter in staat om je te committeren.

Zelfverwezenlijking

- Meer zelfvertrouwen
- Hogere levenskwaliteit
- Goede verstandhouding met jezelf
- Vermogen tot zelfverwezenlijking en het leven ten volle te leven
- Je kunt beter omgaan met kritiek
- Je zit lekkerder in je vel
- Beter op je gemak in een menigte
- Beter op je gemak in je eentje
- Je weet beter wat je wilt
- Betere 'flow' in je leven
- Beter afgestemd op je eigen 'blauwdruk'.

Over De Auteur

Antoinetta Vogels is in Nederland geboren in 1946, net na de Tweede Wereldoorlog. Zij heeft nog zeer levendige herinneringen aan de verhalen die haar vader haar vertelde over de gruwelen van de oorlog, terwijl ze met hem door zijn kapotgeschoten geboortestad Groningen wandelde. Ze nam zich toen, als jong meisje, al voor om er alles aan te doen wat binnen haar macht lag om te zorgen dat er nooit meer oorlog zou komen.

Wat Antoinetta toen nog niet wist, is dat het leven haar de kans zou geven om bij te dragen aan het beter begrijpen van het menselijk gedrag, doordat ze opgroeide met een **Gebrek aan Zelf-Gevoel** en daardoor de taak kreeg om uit te vinden wat er 'ontbrak' in haar leven.

Als afgestudeerd fagottiste heeft Antoinetta in verscheidene orkesten in Nederland gespeeld. Ze was een gedisciplineerde musicus die hield van de creativiteit en expressie in haar werk.

Nadat ze moeder was geworden van twee dochters, zag ze zich door een plotseling ontstane slapeloosheid gedwongen haar muzikale carrière vervroegd op te geven. Daar begon haar innerlijke reis om achter de oorzaken van de aandoening te komen die haar ruim 25 jaar bleef plagen: slapeloosheid.

Continue introspectie was de eerste stap. Daarna begon Antoinetta met het maken van audio-opnames van haar gedachten en gevoelens, een proces dat haar inzicht gaf in haar eigen gedragspatronen en uiteindelijk leidde tot de *Zelf-Gevoel Methode*.

Antoinetta's missie in het leven is om anderen te laten weten hoe cruciaal een Gezond Zelf-Gevoel is voor elk individu en voor de hele wereld(vrede)!

Tot 1995 had zij haar domicilie in Nederland; toen verhuisde ze met haar gezin naar de Verenigde Staten. Eerst woonde ze in Ithaca (in de staat New York); later in Seattle, waar ze nu inmiddels al een tiental jaren schrijft en lezingen geeft.

Via haar bedrijf, de Amerikaanse versie van Gezond zelf-Gevoel: HealthySenseOfSelf biedt Antoinetta trainingen en technieken voor het herstellen van je Zelf-Gevoel.

'Een Gezond Zelf-Gevoel is de ruggengraat
van de menselijke psyche.
Als dat ontbreekt, kun je spreken van
een gemiste kans op een echt eigenlijk leven!'

Overzicht van de
Zelf-Gevoel Methode

Een Gezond Zelf-Gevoel is de innerlijke overtuiging dat je je eigen persoon bent, en dat jouw bestaan separaat is van dat van anderen. Met een Gezond Zelf-Gevoel voel je je vrij om zo uniek te zijn als je geboren bent. Dit Zelf-Gevoel stelt je in staat om, naarmate je persoonlijke ontwikkelingsfasen voortschrijden, steeds onafhankelijker te worden. Een Zelf-Gevoel wordt vanaf je geboorte opgebouwd, maar alleen dan, wanneer je primaire zorgverlener(s) je echt zien en erkennen als een autonoom wezen. Dit, in tegenstelling tot een situatie waarin zij jou, als kind, (onbewust) als een verlengstuk van zichzelf of zelfs als een last beschouwen.

Een Gezond Zelf-Gevoel® is van groot belang omdat het de basis vormt voor een authentiek leven, een leven zonder schaamte, spijt of angst, in tegenstelling tot een leven van verslaving aan (andermans) goedkeuring.

De Zelf-Gevoel Methode is een zelfhulpprogramma waarmee je kunt bepalen of je een Gezond Zelf-Gevoel hebt en zo niet, dat je helpt om een Hersteld Zelf-Gevoel op te bouwen.

Herstel van je Zelf-Gevoel leidt uiteindelijk tot leven en functioneren alsof je een Natuurlijk Zelf-Gevoel had. De kans is groot dat je, net als een persoon met een Natuurlijk Gezond Zelf-Gevoel, meer innerlijke rust en vitaliteit krijgt, en dat je relatievaardigheden en je algehele levenskwaliteit enorm verbeteren.

ABSTRACT

Invoering

Slapeloosheid en vele andere geestelijke, emotionele en fysieke onevenwichtigheden maken deel uit van een scala van menselijk lijden dat één hoofdoorzaak heeft: een Gebrek aan Zelf-Gevoel. Het herstel van je Zelf-Gevoel ontwortelt de oorzaak van vele gezondheidsproblemen en van een algeheel gebrek aan welzijn.

Het doel van mijn studie was om de onderliggende oorzaak te ontdekken van een plotselinge slapeloosheid, die begon kort na de geboorte van mijn eerste dochter (1985), toen ik mijn werk als fagottiste in het Amsterdams Filharmonisch Orkest hervatte.

Mijn studie heeft geresulteerd in meerdere boeken en een onlinecursus over de Zelf-Gevoel Methode. Ik heb deze methode ontwikkeld om je te helpen je eigen Zelf-Gevoel te herstellen door je te laten inzien dat je motivatie om dingen te doen of te vermijden soms niets te maken heeft met wie je werkelijk bent en met wat je zelf wilt.

De vraag die hier telkens wordt gesteld luidt:

WAAROM doe/wil/vermijd ik WAT ik doe/wil/vermijd?

Deze vraag is bedoeld om je te inspireren om achter de schermen van je motivatie te kijken. Vervolgens begin je te begrijpen wat je in werkelijkheid beweegt en dat je zo vervreemd kunt zijn van je echte zelf dat dat kan leiden tot de symptomen of ziekte die je ervaart.

De bedoeling van dit overzicht is om academisch opgeleide professionals, met name psychologen, te inspireren de validiteit van mijn aanpak in beschouwing te nemen en, indien relevant bevonden, stappen te ondernemen om mijn conclusies te testen door op grotere schaal onderzoek te doen.

Het probleem

Toen ik destijds (1985) zocht naar een behandelingsmethode voor mijn slapeloosheid moest ik helaas constateren dat er, op medisch gebied, geen relevante remedie tegen slapeloosheid beschikbaar was. Toen moest ik wel het heft in eigen hand nemen. Mijn doel was om een einde te maken aan mijn slapeloosheid, mijn welzijn te herstellen en mijn leven weer op de rails te krijgen.

Tijdens dit proces merkte ik bij mezelf ook een reeks andere problemen op, die rangeerden van woede, angst voor mijn eigen emoties, mijn behoefte om andere mensen te manipuleren en omstandigheden te beheersen, het gebrek aan het ervaren van elke vorm van een spontaan geluksgevoel, tot en met de agressieve workaholische instelling die ik had.

Door diepgaande bestudering van mijn onderbewust gemotiveerde mentale en emotionele reacties op dagelijkse uitdagingen, kwam ik tot de verrassende conclusie dat deze allemaal werden gedreven door één enkele factor: de dringende noodzaak om te compenseren voor de afwezigheid van een Gezond Zelf-Gevoel.

Deze ontdekking leidde tot het inzicht dat een groot aantal andere problemen die we als mens zoal kunnen hebben verband zouden kunnen houden met diezelfde hoofdoorzaak. Ik denk hierbij aan problemen met de opvoeding van onze kinderen, relatieproblemen, slapeloosheid, angst en depressie, problemen met woedebeheersing, eet- en gewichts-problemen, verslavings-gedrag, huiselijk geweld, faalangst, eenzaamheid, gebrek aan empathie en mededogen, het onvermogen om te werken binnen een team op je werk, of actief bij te dragen aan de wereld in het algemeen. En mogelijk: de ziekte van Alzheimer en andere vormen van dementie, fibromyalgie, medisch ge-etiketteerde aandoeningen zoals bipolaire DO, ADHD en mogelijk nog vele andere.

De methode

Ik ben niet academisch geschoold als psycholoog, maar ervaringsdeskundige op het gebied van motivatie. Gedurende meer dan 25 jaar (1995-2020) heb ik door middel van voortdurende introspectie mijn gegevens verzameld, en door deze bevindingen digitaal op te nemen en daarna terug te luisteren heb ik mijn gedachten, gevoelens en bevindingen nauwkeurig weten te bestuderen en te analyseren. Het labelen van mijn gedachten en gevoelens gaf me de tools om mijn innerlijke processen in kaart te brengen en consistente conclusies te trekken.

De vraag: "Waarom doe/deed ik wat ik doe/deed?" en daarbij rigoureuze eerlijk te betrachten tegenover mijzelf heeft een cruciale rol gespeeld in deze benadering.

Het observeren van anderen om te ontdekken welk essentieel stukje van de puzzel zij bezaten dat in mij ontbrak, heeft mij geholpen om in te zien dat het voornamelijk het effect van een gemis aan een Zelf-Gevoel was dat een cruciale invloed had op mijn motivatie. Was deze conclusie toepasbaar op anderen, werd toen mijn vraag.

De resultaten

Ik ontdekte dus dat de verschillende storende symptomen die ik ervaarde één oorzaak gemeen hadden: een gebrek aan Zelf-Gevoel. Een Gebrek aan Zelf-Gevoel wordt veroorzaakt doordat ouders/verzorgers hun kind op inadequate wijze terug spiegelen.

Wanneer de situatie in je kindertijd je verhindert (niet stimuleert) om een gezond gevoel van jezelf te ontwikkelen, word je afhankelijk van goedkeuring. Die ouderlijke glimlach die je, door een door je ouders gewenst gedrag ten toon te spreiden kunt verdienen, maakt dat je je 'Goed-over-jezelf-voelt'. Het geeft je, als het ware, een vluchtig moment waarop je je waardig voelt, en dat wordt vervolgens op de lange duur aangezien voor een Zelf-Gevoel. Zo ontstaat er een cyclus van afhankelijkheid van goedkeuring voor zelfvalidatie, die functioneert als een substituut (Vervangend of Vals Zelf-Gevoel) voor de ontbrekende verbinding met je Authentieke Zelf.

Vanwege de urgentie om de leegte in de zelfervaring op te vullen met dit substituut, ontstaat er een noodzaak om perfect te presteren. Deze voorwaarden ben je geneigd om jezelf op te leggen als je een Gebrek aan Zelf-Gevoel hebt omdat ze er toe dienen om je ouder/verzorger ervan te overtuigen dat je hun aandacht wel degelijk waard bent. Deze zijn individueel verschillend voor iedereen omdat ze gebaseerd zijn op wat er in je kindertijd werkte of niet werkte om die zo gewenste goedkeuring te krijgen.

Als je er niets aan doet, wordt je afhankelijkheid van goedkeuring, overgedragen naar je volwassenheid en leidt dan tot een overweldigende hoeveelheid stress die kan resulteren in allerlei vormen van mentale, emotionele en fysieke symptomen.

Door middel van begeleide introspectie biedt de Zelf-Gevoel Methode inzicht in de verregaande gevolgen van motivaties die gericht zijn op het verkrijgen van een Vals Zelf-Gevoel. Er zijn oefeningen in lichaamsbewust zijn, visualisaties en zelfbevestigingen om je pad naar een Hersteld Zelf-Gevoel te vergemakkelijken.

Conclusie

Wat zijn de implicaties van deze bevinding? Je Zelf-Gevoel herstellen is het antwoord op een schijnbaar niet-gerelateerde reeks problemen die veroorzaakt worden door een Gebrek aan Zelf-Gevoel. Zo gauw iemand's focus zich afwendt van de noodzaak van het verkrijgen van goedkeuring om enige vorm van zelfacceptatie te ervaren, verdwijnen veel van die symptomen vanzelf.

Deze aanpak biedt tal van voordelen omdat het je goeddeels in staat stelt om je problematiek zelf uit te zoeken en tot een oplossing te brengen. Dit resulteert in minder dokter's bezoek en derhalve in lagere zorgkosten. Een symptomatische behandeling van aandoeningen die het gevolg zijn van een Gebrek aan Zelf-Gevoel lijkt danook een verspilling van tijd, geld en moeite.

Het directe resultaat van een Hersteld Zelf-Gevoel is minder stress, betere gezondheid en meer algeheel welzijn, een betere kwaliteit van leven en een hogere graad van zelfverwezenlijking. Ook leidt het bij ouders tot een meer verantwoorde en adequatere opvoeding van hun kinderen. Deze positieve veranderingen zien we ook tot uiting komen in minder absentie op het werk of op school, en een groter gevoel van persoonlijke voldoening.

Als bovenstaande bevindingen relevant blijken, mag ik hopen dat meer officiële, wetenschappelijk uitgewerkte conclusies de implementatie van het Zelf-Gevoel-Stelling in de verschillende genezingsmodaliteiten zullen helpen bevorderen. Het is mijn droom om Zelf-Gevoel counselors beschikbaar te maken in onderwijsinstellingen op allerlei niveau, van basisscholen tot en met universiteiten en andere beroepsopleidingen.

Als een mogelijke beperking stel ik me voor dat mijn benadering, op zijn best, kan worden beschouwd als een uitgebreide persoonlijke case-study. Het is echter niet aan mij om hier omtrent conclusies te trekken, omdat ik het immoreel zou vinden om aan de daarvoor geschikte bronnen informatie te onthouden, die potentieel van grote dienst zou kunnen zijn en in het belang van het grotere goed.

Meer Gezond Zelf-Gevoel producten

Teksten in het Nederlands:

- *Gezond Zelf-Gevoel – Dé Methode om het beste uit Jezelf te halen*

- *Werkboek voor de Zelf-Gevoel Methode (gebaseerd op de onlinecursus maar ook onafhankelijk te gebruiken)*

- *Het Gezond Zelf-Gevoel Dagboekje – Een inspiratiebron voor persoonlijke en wereldvrede*

- *Slapeloosheid – Hoe kom je er vanaf?*

Teksten in het Engels:

- *Healthy Sense of Self – How to be true to your Self and make your world a better place*

- *The Sense of Self Method Workbook, a 9-week Program to Reduce Stress and Rediscover Your Authentic Self*

- *A Guided Journal to a Healthy Sense of Self – Thoughts to Inspire Peace Within and Around the World*

- *How to overcome insomnia all by yourself*

Teksten in het Italiaans:

- *Sano Senso di Sé – Come liberarti dalla dipendenza d'approvazione*

- *Diario Guidato per un Sano Senso di Sé – 120 pratici suggerimenti per riconquistare la propria vita*

Meer Gezond Zelf-Gevoel producten

Online cursus (in de Nederlandse taal):

• *Online Cursus: de Zelf-Gevoel Methode*

Online cursus (in het Engels):

• *Online Course: Introducing the Sense of Self Method*

Contacten:

Nederland:
• Email: info@zelfgevoel.nl

USA:
• Email: contact@hysos.net

Italië:
• Email: info@sensodise.it

Nederlandse website:
http://www.Gezondzelfgevoel.nl

Amerikaanse website:
www.HealthySenseOfSelf.com

Website Italië:
http://www.sanosensodise.it

Facebook Nederland:

http://www.Facebook.com/GezondZelfGevoel

Instagram Nederland:

www.instagram.com/gezondzelfgevoel_nl

Facebook USA:

http://www.facebook.com/Healthysenseofself

Instagram USA:

www.instagram.com/Healthysenseofself

Twitter USA:

https://twitter.com/healthysos

Linkedin USA:

http://www.linkedin.com/in/annetvogels

Facebook Italië:

http://www.Facebook.com/SanoSensodiSe

Instagram Italië

https://www.instagram.com/sanosensodise

Printed in the United States
by Baker & Taylor Publisher Services